JN411463

Bonjour! Le français

임혜경 · 박임전 · 조항덕 · 문시연 · 정상현 공저

도서출판 만남

Préface

프랑스어는 세계 프랑스어권지역의 40여개 국가에서 2억명이 넘는 인구가 사용하는 중요한 외국어이다. 오래 전부터 국제적인 외교언어로서 UN을 비롯하여 올림픽 공식 언어로 사용되고 있으며, 유럽연합의 중심인 프랑스의 역할 제고와 아프리카 프랑스어권 국가들의 활발한 부상으로 프랑스어는 국제어로서의 위상을 더욱 높이고 있다. 지금 우리나라 취업 시장에서도 영어는 필수, 거기에 또 하나의 외국어가 요구되고 있기 때문에 프랑스어를 배우게 되면 넓은 세상으로 나갈 수 있는 선택의 기회가 더 많이 주어질 것이 확실하다.

이 책은 처음 프랑스어를 배우려는 학생들뿐만 아니라, 고등학교에서 프랑스어를 배우고 나서 다시 프랑스어 기초를 다지고 나아가 프랑스 문화 전반에 대한 유익한 정보를 습득하고자 하는 학생들을 위해 만들어졌다. 프랑스에 대한 지식과 교양을 쌓게 하고 실제로 프랑스어권 지역을 여행할 때 도움이 되도록 한다든가, 또는 혼자 단어의 의미를 찾아 가면서 프랑스어 원서를 쉽게 읽을 수 있도록 유도해 주는 대학생용 교양 프랑스어 교재이다.

이 책은 20과로 이루어졌으며 각 과는 다음과 같이 구성되어 있다. : 처음에는 대화로 시작하고, 그 다음에는 대화에서 나온 몇 개의 표현을 골라 집중 훈련으로 듣고 따라 하기, 발음 연습, 유익한 표현법 익히기, 문법 정리, 대화의 괄호 채우기, 학생들 스스로 해보도록 유도하는 문법 활용, 연습문제로 이루어져 있으며, 마지막에는 문화 관련 자료나 읽기 자료로 보충하였다.

강의하는 교수의 재량에 따라 다양한 방법으로 흥미있게 강의할 수 있도록 될 수 있는 한 많은 자료를 제시하려고 노력하였다. 이 책이 프랑스어를 처음 배우는 학생들에게는 재미있고 유익한 프랑스어 입문서가 되며, 그리고 이 책을 다 배운 후에는 프랑스어와 프랑스 문화에 대해 더 깊게 알고 싶은 학생들이 많이 나오게 되기를 희망한다.

저자 일동

Table des matières

Première partie

Deuxième partie

Alphabet

A	a	[ɑ] ou [a]	N	n	[ɛn]
B	b	[be]	O	o	[o]
C	c	[se]	P	p	[pe]
D	d	[de]	Q	q	[ky]
E	e	[e] ou [ə]	R	r	[ɛ:ʀ]
F	f	[ɛf]	S	s	[ɛs]
G	g	[ʒe]	T	t	[te]
H	h	[aʃ]	U	u	[y]
I	i	[i]	V	v	[ve]
J	j	[ʒi]	W	w	[dubləve]
K	k	[kɑ] ou [ka]	X	x	[iks]
L	l	[ɛl]	Y	y	[igrɛk]
M	m	[ɛm]	Z	z	[zɛd]

Signes

l'accent aigu	´	bébé, vérité, nécessité
l'accent grave	`	père, là, où
l'accent circonflexe	^	île, tête, âge, côte, mûr
le tréma	¨	naïf, Noël, Saül
la cédille	ç	ça, leçon, français, reçu
l'apostrophe	'	l'ami, d'abord, j'aime
le trait d'union	-	arc-en-ciel, demi-heure

Signes de ponctuation

.	le point	...	les points de suspension
:	les deux points	—	le tiret
,	la virgule	( )	les parenthèses
;	le point-virgule	≪≫	les guillemets
?	le point d'interrogation	[ ]	les crochets
!	le point d'exclamation	*	l'astérisque

Prononciation

Voyelles simples

[a] animal [animal] lac [lak]
[ɑ] pas [pɑ] pâle [pɑ:l]
[ə] le [lə] ceci [səsi]
[e] été [ete] nez [ne]
[ɛ] mère [mɛ:ʀ] père [pɛ:ʀ]
[i] ici [isi] type [tip]
[o] pot [po] rôle [ʀo:l]
[ɔ] pomme [pɔm] joli [ʒɔli]
[y] sucre [sykʀ] tu [ty]

Voyelles composées

[ø] jeudi [ʒødi] feu [fø]
[œ] heure [œ:ʀ boeuf [bœf]
[ɛ] neige [nɛ:ʒ] peine [pɛn]
[o] aussi [osi] beau [bo]
[u] ou [u] foule [ful]

Voyelles nasales

[ɑ̃] santé [sɑ̃te] dent [dɑ̃]
[ɔ̃] bon [bɔ̃] nom [nɔ̃]
[œ̃] lundi [lœ̃di] brun [brœ̃]
[ɛ̃] vin [vɛ̃] simple [sɛ̃pl]

Semi-voyelles

[w] oui [wi] ouest [wɛst]
[j] cahier [kaje] pied [pje]
[ɥ] lui [lɥi] nuage [nɥa:ʒ]

Consonnes

[b] arbre [aʀbʀ] bois [bwa]
[p] papa [papa] absent [apsɑ̃]
[d] des [de] dame [dam]
[t] tout [tu] tu [ty]
[g] gomme [gɔm] gare [ga:ʀ]
[k] quatre [katʀ] comme [kɔm]
[f] face [fas] femme [fam]
[v] vin [vɛ̃] verre [vɛ:ʀ]
[s] somme [sɔm] salle [sal]
[z] zéro [zeʀo] gaz [ga:z]
[ʃ] chanson [ʃɑ̃sɔ̃] chaise [ʃɛ:z]
[ʒ] jour [ʒu:ʀ] jeune [ʒœn]
[l] lampe [lɑ̃p] lune [lyn]
[ʀ] rare [ʀa:ʀ] rose [ʀo:z]
[m] maman [mamɑ̃] monde [mɔ̃d]
[n] nature [natyʀ] année [ane]
[ɲ] montagne [mɔ̃taɲ] campagne [kɑ̃paɲ]

PREMIERE PARTIE

Leçon 1

Dialogue 1

A : Bonjour!
Qu'est-ce que c'est?
B : C'est un stylo.
A : Et ça, qu'est-ce que c'est?

B : Ça, c'est une montre.

A : Qu'est-ce que c'est?

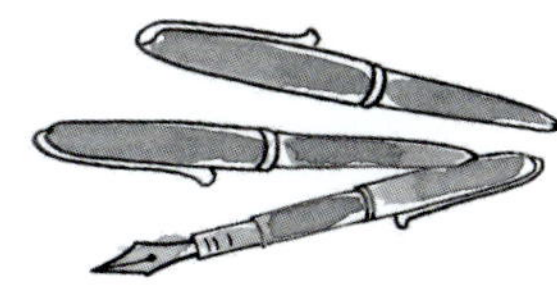

B : Ce sont des stylos.

A : Et ça, qu'est-ce que c'est?
B : Ce sont des livres.

Dialogue 2

A : Bonjour!
Qui est-ce?
B : C'est Pierre.
Il est français.
A : Qu'est-ce qu'il fait?
B : Il est étudiant.

A : Et qui est-ce?
B : C'est Françoise.
A : Qu'est-ce qu'elle fait?
B : Elle est journaliste.

Ecoutez et répétez

Pierre

Françoise

Bonjour !

Bonjour, Monsieur.
Bonjour, Madame.
Bonjour, Françoise.

Bonjour, Pierre.
Bonjour, Sylvie.
Bonjour, Mina.
Ça va?
Oui, ça va.

Qu'est-ce que c'est ? / C'est . . .

A : Qu'est-ce que c'est?
B : C'est un téléphone portable.
C'est une cravate.
C'est un tableau noir.
Ce sont des livres.
Ce sont des cravates.

Qui est-ce ? / C'est . . .

누구니? / ... 이다

A : Qui est-ce?

B : C'est Paul.

C'est Jeanne.

Ce sont des journalistes.

Qu'est-ce qu'il fait?

그는 무슨 일을 하니? (직업이 무엇이니?)

A : Qu'est-ce qu'il fait?

B : Il est professeur.

Il est médecin.

Il est boulanger.

Il est étudiant.

Il est journaliste.

A : Qu'est-ce qu'elle fait?

B : Elle est professeur.

Elle est infirmière.

Elle est boulangère.

Elle est étudiante.

Elle est journaliste.

Grammaire et expressions

Les articles indéfinis 부정관사

	masculin	féminin
singulier	un	une
pluriel	des	

♠ ex. C'est un cahier. ➜ Ce sont des cahiers.
C'est un stylo. ➜ Ce sont des stylos.
C'est une cravate ➜ Ce sont des cravates.
C'est une chaise. ➜ Ce sont des chaises.

L'élision 축약

Ce est . . . ➜ C'est . . .
Que est-ce que . . . ➜ Qu'est-ce que . . .
Que est-ce que il fait? ➜ Qu'est-ce qu'il fait?
Que est-ce que elle fait ➜ Qu'est-ce qu'elle fait?

La liaison 연독

Il est‿étudiant.

C'est‿un cahier.

Ce sont des‿étudiants.

Complétez le dialogue

1. Qu'est-ce que c'est?
( )

2. Qu'est-ce que c'est?
( )

3. Qu'est-ce que c'est?
( )

Jacques

4. Qui est-ce?
( )

Sophie

5. Qui est-ce?
( )

6. Qui est-ce?
( )

7. Qu'est-ce qu'elle fait?
( )

8. Qu'est-ce qu'il fait?
( )

9. Qu'est-ce qu'elle fait?
( )

Exercices

1 *Posez les bonnes questions.*

1. A : ______________________.
   B : C'est un tableau noir.
2. A : ______________________.
   B : C'est Philippe.
3. A : ______________________.
   B : Il est étudiant.
4. A : ______________________.
   B : Elle est journaliste.

2 *Mettez le singulier au pluriel et le pluriel au singulier.*

1. C'est un cahier.
   ➜ ______________________.
2. C'est une table.
   ➜ ______________________.
3. C'est un mouchoir.
   ➜ ______________________.
4. C'est une fenêtre.
   ➜ ______________________.
5. Ce sont des livres.
   ➜ ______________________.
6. Ce sont des étudiantes.
   ➜ ______________________.
7. Ce sont des Coréens.
   ➜ ______________________.
8. Ce sont des professeurs.
   ➜ ______________________.

Sur le pont d'Avignon

(Refrain) Sur le pont d'Avignon on y danse on y danse
Sur le pont d'Avignon on y danse tous en rond

1. Les beaux messieurs font comme ça et puis encore comme ça
2. Les belles dames font comme ça et puis encore comme ça
3. Les cordonniers font comme ça et puis encore comme ça
4. Les blanchisseuses font comme ça et puis encore comme ça

Leçon 2

Dialogue 1

A : Bonjour! Tu es de quel pays?
B : Je suis de Corée.
A : Ah, tu es de Corée.
Qu'est-ce que tu fais?
B : Je suis étudiant.
A : Alors, comment t'appelles-tu?
B : Je m'appelle Dongsou KIM.
Et toi, comment t'appelles-tu?
A : Je m'appelle Sichuan LU.
Je suis chinois.

Dialogue 2

A : Comment t'appelles-tu?
B : Je m'appelle Boram SHIN.
A : Tu es japonaise?
B : Non, je ne suis pas japonaise.
Je suis coréenne.
A : Ah, tu es coréenne.
Est-ce qu'elle est aussi coréenne?
B : Non, elle n'est pas coréenne.
Elle est japonaise.

Ecoutez et répétez

1

1. Je suis coréen.
   Il est japonais.
2. Je suis coréenne.
   Elle est japonaise.
3. Il est étudiant.
   Elle est étudiante.
4. Est-ce qu'elle est chinoise?
   Non, elle n'est pas chinoise.
   Elle est vietnamienne.
5. Est-ce qu'ils sont anglais?
   Non, ils ne sont pas anglais.
   Ils sont allemands.

2

1. Qu'est-ce qu'il fait?
   Il est chanteur
2. Qu'est-ce qu'elle fait?
   Elle est musicienne.
3. Qu'est-ce que tu fais?
   Je suis étudiant.
4. Qu'est-ce que vous faites?
   Je suis journaliste.

Grammaire et expressions

Les pronoms personnels sujets 주어 인칭대명사

	singulier	pluriel
1er personne	Je	Nous
2e personne	Tu	Vous
3e personne	Il / Elle / On	Ils / Elles

La conjugaison du verbe ÊTRE au présent

ÊTRE 동사 현재 변화

Je	suis	Nous	sommes
Tu	es	Vous	êtes
Il/Elle/On	est	Ils/Elles	sont

Les adjectifs qualificatifs 품질형용사

masculin	féminin	masculin	féminin
chinois	chinoise	français	française
japonais	japonaise	coréen	coréenne

♠ ex.

Il est chinois.	Elle est chinoise.
Il est français.	Elle est française.
Ils sont japonais.	Elles sont japonaises.

*La négation (1) : **ne ... pas*** 부정의 ne ... pas

Je suis coréen.	➜	Je **ne** suis **pas** coréen.
Il est chinois.	➜	Il **n**'est **pas** chinois.
Elles sont japonaises.	➜	Elles **ne** sont **pas** japonaises.

L'interrogation (1) 의문형

Vous êtes français.	➜	Est-ce que vous êtes français?
	➜	Êtes-vous français?
	➜	Vous êtes français?

être de + nom du pays être de + 국가 이름

Ils sont de France.
Il est du Japon.
Ils sont des États-Unis.
Elles sont d'Allemagne.
Elle est du Canada.

Complétez le dialogue

Manki - Kim

1. De quel pays es-tu?
   ➜ ______________________.
2. Comment t'appelles-tu?
   ➜ ______________________.

Henry Taylor

3. De quel pays êtes-vous?
   ➜ ______________________.
4. Comment vous appelez-vous?
   ➜ ______________________.

Répondez aux questions

1. Est-ce qu'ils sont français?
   ➜ Oui, ______________________.
2. Est-ce que vous êtes anglaise?
   ➜ Non, ______________________.
3. Est-ce que tu es chinois?
   ➜ Non, ______________________.
4. Est-ce que vous êtes journaliste?
   ➜ Non, ______________________.

Exercices

1 *Imitez le modèle.*

Modèle : Je suis japonais. ➜ Je ne suis pas japonais.

1. Je suis chinoise. ➜ ______________________.
2. Il est français. ➜ ______________________.
3. Elle est anglaise. ➜ ______________________.
4. Je suis américain. ➜ ______________________.
5. Nous sommes coréens. ➜ ______________________.
6. Ils sont japonais. ➜ ______________________.

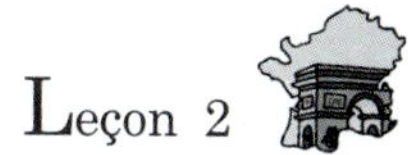

2 *Imitez le modèle.*

Modèle : Est-ce que vous êtes chinois? (japonais)
➜ Non, je ne suis pas chinois, je suis japonais.

1. Est-ce que vous êtes américaine? (anglais)
   ➜ Non, ______________________.
2. Est-ce que tu es japonais? (coréen)
   ➜ Non, ______________________.
3. Est-ce que vous êtes étudiant? (professeur)
   ➜ Non, ______________________.
4. Est-ce que c'est un cahier? (livre)
   ➜ Non, ______________________.

3 *Répondez aux questions.*

1. Qu'est-ce que tu fais? (étudiant)
   ➜ ______________________.
2. Qu'est-ce que vous faites? (ingénieur)
   ➜ ______________________.
3. Qu'est-ce qu'il fait? (peintre)
   ➜ ______________________.
4. Qu'est-ce qu'elle fait? (professeur)
   ➜ ______________________.

Les nationalités 국적

pays	peuple	adjectif	drapeau
l'Allemagne	Allemand(e)	allemand(e)	
l'Angleterre	Anglais(e)	anglais(e)	
la France	Français(e)	français(e)	
la Russie	Russe	russe	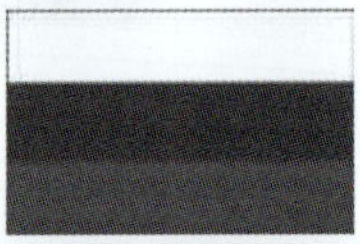
la Chine	Chinois(e)	chinois(e)	
la Corée	Coréen(ne)	coréen(ne)	
le Japon	Japonais(e)	japonais(e)	
le Canada	Canadien(ne)	canadien(ne)	
les États-Unis	Américain(e)	américain(e)	

Leçon 3

Dialogue 1

A : A qui est ce livre?
B : Il est à Paul.
A : Ce cahier est aussi à Paul?
B : Non, c'est le cahier de Marie.
A : A qui sont ces livres?
B : Ils sont à Marie.
A : Et à qui est cette gomme?
B : Elle est à Sylvie.

Dialogue 2

A : Est-ce que tu as un crayon?
B : Oui, j'ai un crayon.
A : Est-ce que tu as aussi une gomme?
B : Non, je n'ai pas de gomme.
A : Est-ce que vous avez des cahiers?
B : Oui, nous avons des cahiers.
A : Est-ce que vous avez aussi des dictionnaires?
B : Non, nous n'avons pas de dictionnaires.

Ecoutez et répétez

1

1. A qui est ce dictionnaire?
   Il est à Dominique.
2. A qui est cette cravate?
   Elle est à Jacques.
3. A qui sont ces papiers?
   Ils sont à Pierre.
4. A qui est cette gomme?
   Elle est à Nadine.

2

1. Est-ce que tu as des frères et soeurs?
   Oui, j'ai un frère et une soeur.
2. Est-ce que vous avez des stylos?
   Oui, j'ai trois stylos.
3. Est-ce que vous avez des voitures?
   Oui, nous avons deux voitures.
4. Est-ce qu'ils ont des enfants?
   Oui, ils ont quatre enfants.

Comptez 셈

Les numéros cardinaux (1) 기수

1	2	3	4	5
un	deux	trois	quatre	cinq
6	7	8	9	10
six	sept	huit	neuf	dix

Grammaire et expressions

Les articles définis 정관사

	masculin	féminin
singulier	le (l')	la (l')
pluriel	les	

♠ ex. le livre de Paul / les livres de Paul
la cravate de Jacques / les cravates de Jacques
l'oncle de Jeannine / l'hôtel de ville

Les adjectifs démonstratifs 지시형용사

	masculin	féminin
singulier	ce / cet	cette
pluriel	ces	

♠ ex. ce livre, cette gomme, ces livres, ces cravates

★☆ ***Mais attention !***

cet‿arbre, cet‿homme, cet‿après-midi

La conjugaison du verbe AVOIR au présent

AVOIR 동사의 현재 변화

J'	ai	Nous	avons
Tu	as	Vous	avez
Il/Elle/On	a	Ils/Elles	ont

♠ ex. J'ai un frère et une soeur.
Vous avez l'heure?
Il a des livres.
Elles ont des poupées.

La négation (2) : ne . . . pas de

J'ai un frère. ➜ Je n'ai pas de frère.
Elle a une poupée. ➜ Elle n'a pas de poupée.
Ils ont des livres. ➜ Ils n'ont pas de livres.

Complétez le dialogue

1. A qui est cette maison? (Monsieur Petit)
   ➜ ______________________________.
2. A qui sont ces livres? (Jacques)
   ➜ ______________________________.
3. A qui est ce cahier? (Mansu)
   ➜ ______________________________.
4. A qui sont ces poupées? (Annie)
   ➜ ______________________________.

Répondez aux questions

1. Est-ce que c'est le livre de Pierre?
   - Oui, (   )

2. Est-ce que c'est la robe de Françoise?
   - Non, (   )

3. Est-ce que c'est la cravate de Pierre?
   - Non, (   )

4. Est-ce que ce sont les livres de Jacques?
   - Oui, (   )

Exercices

1 *Répondez aux questions.*

1. Est-ce que vous avez un dictionnaire?
   → Non, ________________.
2. Est-ce que tu as des frères?
   → Oui, ________________.
3. Est-ce qu'elle a des soeurs?
   → Non, ________________.
4. Est-ce qu'ils ont des enfants?
   → Non, ________________.
5. Est-ce que ta soeur a des poupées?
   → Oui, ________________.

2 *Mettez les adjectifs démonstratifs.*

1. (　　　) livre
2. (　　　) cravate
3. (　　　) enfants
4. (　　　) robes
5. (　　　) homme
6. (　　　) femme
7. (　　　) hôtels
8. (　　　) montre

3 *Comptez.*

1. (   ) enfants

2. (   ) livres

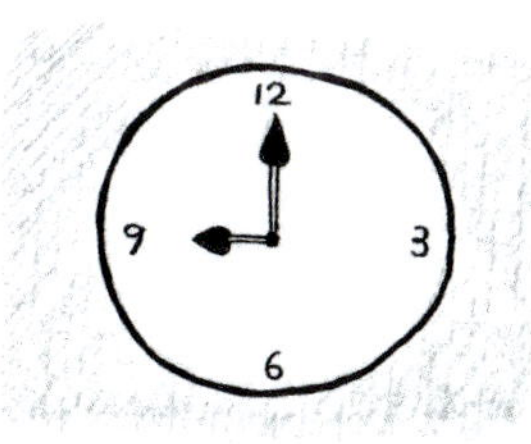

3. (   ) heures

4. (   ) ans

5. (   ) étoiles

6. (   ) poupées

Les jours fériés(les fêtes) 경축일

janvier	le Jour de l'An (le 1er) la fête des Rois
mars	Mardi gras Pâques
mai	la Fête du Travail(le 1er) l'Armistice 1945 (le 8)
juin	la Pentecôte
juillet	la Fête Nationale (le 14)
août	l'Assomption (le 15)
novembre	la Toussaint (le 1er) l'Armistice 1918 (le 11)
décembre	Noël (le 25)

la galette des rois

les oeufs de Pâques

le défilé du 14 juillet

Leçon 4

Dialogue 1

A : Paul, qu'est-ce que tu fais maintenant?
B : Je regarde la télévision.
A : Qu'est-ce qu'il y a à la télévision?
B : Il y a un match de football entre l'Italie et la France.
A : Tu aimes le foot?
B : Oui, j'adore le foot.
Et toi, tu aimes aussi le foot?
A : Moi, je n'aime pas le foot.
B : Qu'est-ce que tu aimes alors?
A : Moi, j'aime l'ordinateur.

Dialogue 2

A : Je vous présente ma famille.
Mon père a cinquante-deux ans et il est artiste.
Ma mère a quarante-neuf ans et elle est professeur de mathématiques. J'ai un frère. Il a dix-sept ans et il est lycéen.
B : Où habitez-vous?
A : Nous habitons à Incheon.
B : C'est loin de Séoul?
A : Non, ce n'est pas loin.
C'est à 45 minutes de Séoul en train.

Ecoutez et répétez

1. Qu'est-ce que tu fais le week-end?
   ➜ Je joue au tennis.

2. Qu'est-ce que vous faites cet après-midi?
   ➜ Nous jouons au football.

3. Qu'est-ce qu'ils font maintenant?
   ➜ Ils chantent une chanson française.

2

1. Où habitez-vous?
   J'habite à Insadong.
2. Où habites-tu?
   J'habite à Daegu.
3. Où habite-t-il?
   Il habite à Sokcho.

Grammaire et expressions

La conjugaison du verbe de 1er groupe

1군 규칙동사의 현재 변화

regarder			
Je	regard**e**	Nous	regard**ons**
Tu	regard**es**	Vous	regard**ez**
Il	regard**e**	Ils	regard**ent**

♠ ex. Je regarde la télévision.
Nous habitons à Séoul.
Ils parlent français.

La conjugaison du verbe FAIRE

FAIRE 동사의 현재 변화

Je	fais	Nous	faisons
Tu	fais	Vous	faites
Il/Elle	fait	Ils/Elles	font

♠ ex. Qu'est-ce que vous faites?
Qu'est-ce que tu fais?
Qu'est-ce qu'ils font?

loin de, près de ...에서 멀리, 가까이

La France est loin de la Corée.
Le Japon n'est pas loin de la Corée.
Le Japon est près de la Corée.
Gwacheon est près de Séoul.

être à + temps être à + 시간

La gare de Séoul est à 15 minutes d'ici en bus.
Incheon est à 40 minutes d'ici en métro.
Tokyo est à deux heures de Séoul en avion.

Les numéros cardinaux (2) 기수

11	12	13	14	15
onze	douze	treize	quatorze	quinze
16	17	18	19	20
seize	dix-sept	dix-huit	dix-neuf	vingt
21	22	30	40	50
vingt et un	vingt-deux	trente	quarante	cinquante
60	70	71	80	81
soixante	soixante-dix	soixante et onze	quatre-vingts	quatre-vingt-un
90	100			
quatre-vingt-dix	cent			

Exercices

1 *Conjuguez les verbes.*

1. Tu (aimer) le baseball?
   Oui, j' (aimer) bien le baseball.
2. Vous (jouer) au foot?
   Oui, nous (jouer) au foot.
3. Est-ce qu'ils (regarder) la télévision?
   Non, ils ne (regarder) pas la télévision.
4. Où (habiter)-vous?
   J' (habiter) à Séoul.

2 *Conjuguez les verbes.*

1. Qu'est-ce que vous (faire)?
2. Qu'est-ce qu'ils (regarder)?
3. Nous (jouer) de la guitare.
4. Elle (préparer) la cuisine.
5. Qu'est-ce que tu (aimer)?
6. Je (adorer) la danse.

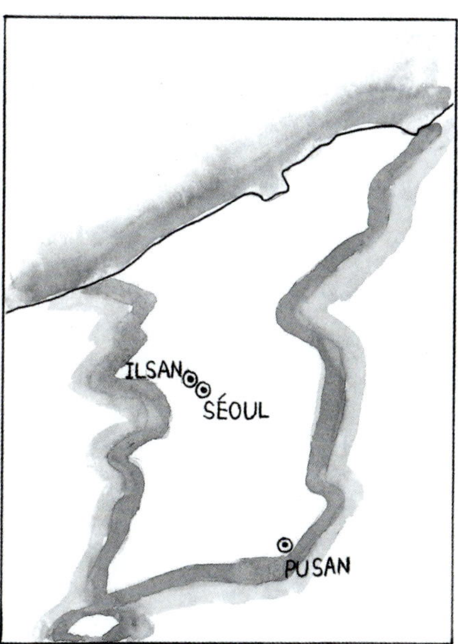

3 *Complétez les parenthèses dans les phrases suivantes.*

1. Pusan est ( ) de Séoul.
2. Ilsan est ( ) de Séoul.

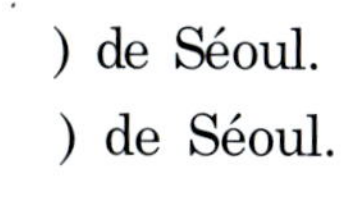

Paris : 20 arrondissements

파리시 20개 구역

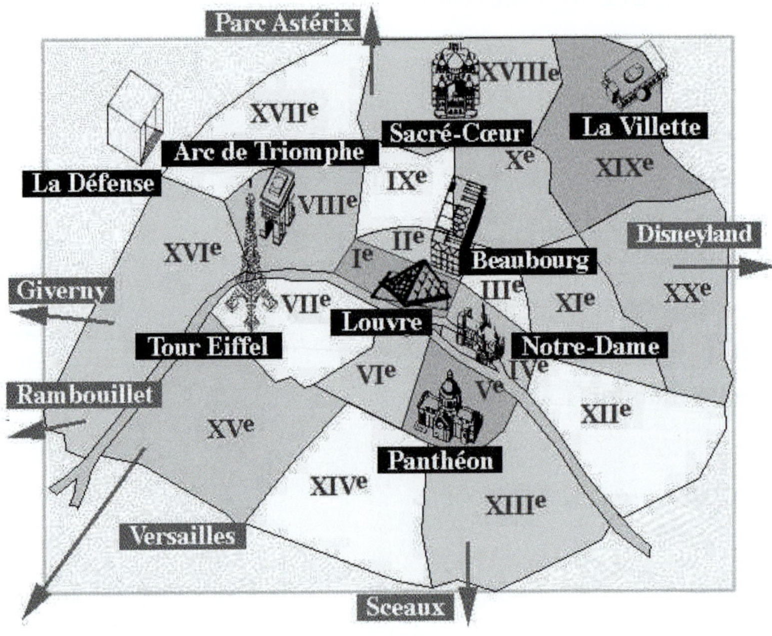

Leçon 5

Dialogue 1

A : Jacques, est-ce que c'est ton livre?
B : Non, ce n'est pas mon livre.
C'est le livre de Paul.
A : Et ça, est-ce la cravate de Pierre?
B : Oui, c'est sa cravate.
A : Jacques, où habitent tes parents?
B : Mes parents habitent à Paris.
A : Les parents de Marie habitent aussi à Paris?
B : Non, ils n'habitent pas à Paris, ils habitent à Nice.

Dialogue 2

A : Que désirez-vous, Mademoiselle?
B : Je cherche une jupe.
A : Quelle couleur désirez-vous?
B : J'aime le noir et le bleu marine.
A : Nous avons des jupes de diverses couleurs. Alors, qu'est-ce que vous pensez de ce modèle?
B : J'aime bien cette couleur et la taille est aussi bonne. Je choisis ce modèle.
A : Ah, vous choisissez cette jupe. Très bien. Merci.

Ecoutez et répétez

1

A : Est-ce que c'est ton cahier?
B : Oui, c'est mon cahier.

A : Est-ce que c'est ta montre?
B : Non, ce n'est pas ma montre.

A : Est-ce que ce sont tes parents?
B : Oui, ce sont mes parents.

A : Est-ce que c'est le père de Jacques et de Marie?
B : Oui, c'est leur père.

A : Est-ce que ce sont les enfants de M. et Mme Legros?
B : Oui, ce sont leurs enfants.

2

A : Qu'est-ce que vous choisissez?
B : Je choisis cette voiture.

A : Est-ce que les feuilles jaunissent vite?
B : Oui, elles jaunissent vite.

A : Est-ce que le chien grandit vite?
B : Non, il ne grandit pas vite.

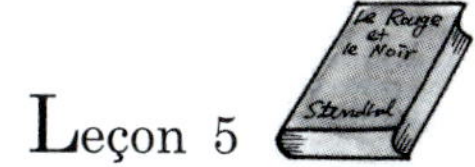

Grammaire et expressions

Les adjectifs possessifs 소유형용사

	m.s.	f.s.	m.f.pl.
1er	mon	ma	mes
2^{e}	ton	ta	tes
3^{e}	son	sa	ses
1er	notre	notre	nos
2^{e}	votre	votre	vos
3^{e}	leur	leur	leurs

♠ ex. le livre de Paul ➜ son livre
la cravate de Pierre ➜ sa cravate
la maison de mes parents ➜ leur maison
les enfants de M. et Mme Legros ➜ leurs enfants

La conjugaison du verbe de 2ème groupe
2군 규칙 동사의 현재 변화

choisir			
Je	chois**is**	Nous	chois**issons**
Tu	chois**is**	Vous	chois**issez**
Il/Elle	chois**it**	Ils/Elles	chois**issent**

♠ ex. Je choisis ce pantalon.
Nous finissons notre devoir.
Les feuilles jaunissent en automne.
Le garçon rougit devant une jeune fille.

L'adverbe de lieu OÙ
장소 부사 où

Où habitent tes parents?
Ils habitent à Kwacheon.

Où es-tu?
Je suis à l'université féminine Sookmyung.

Où sont vos enfants?
Ils sont dans le jardin.

L'interrogation (2) 의문형

Qu'est-ce que vous désirez?
= Que désirez-vous?

Qu'est-ce que tu veux?
= Que veux-tu?

Qu'est-ce qu'ils choisissent?
= Que choisissent-ils?

Exercices

1 *Imitez le modèle.*

Modèle : Est-ce que c'est ton chien? (le chien de Marie)
➜ Non, ce n'est pas mon chien.
C'est le chien de Marie.

1. Est-ce que c'est ta maison? (la maison de mon cousin)
   ➜ Non, ______________________.
2. Est-ce que c'est votre appartement? (l'appartement de Mme Durand)
   ➜ Non, ______________________.
3. Est-ce que ce sont vos enfants? (les enfants de M. et Mme Martin)
   ➜ Non, ______________________.
4. Est-ce que ce sont tes ordinateurs? (les ordinateurs de Paul)
   ➜ Non, ______________________.

2 *Conjuguez les verbes.*

1. Nous (finir) notre devoir.
2. Ils (choisir) la bonne réponse.
3. Ces fleurs (rougir) au printemps.
4. Madame Dupuis (choisir) la couleur rouge.
5. Tu (finir) ton travail.
6. Il (blanchir) le mur.

3 *Répondez aux questions..*

1. Est-ce que ce sont vos livres?
   Oui,
2. Est-ce que c'est ta cravate?
   Non,
3. Est-ce que c'est le stylo de Jean?
   Non,
4. Est-ce que ce sont les chiens de M. et Mme Lepic?
   Oui,

4 *Faites un dialogue dans un magasin de vêtements.*

A : Que désirez-vous?
B : Je cherche (   ).
A : Vous faites quelle taille?
B : Je fais (   ).

5 *Faites un dialogue.*

A : Est-ce que tu aimes le tennis?
B : Non, (   ).
A : Quel sport aimes-tu?
B : (   ).
A : Moi, (   ).

6 *Répondez aux questions.*

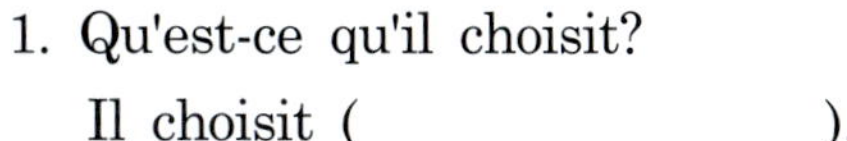

1. Qu'est-ce qu'il choisit?
   Il choisit (   ).

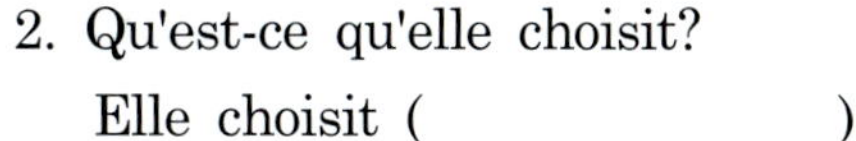

2. Qu'est-ce qu'elle choisit?
   Elle choisit (   ).

3. Que choisis-tu?
   Je choisis (   ).

Les vêtements 의복

Pour homme

les chaussures (n.f.)

le pardessus (n.m.)

le veston (n.m.)

les pantalons (n.m.)

le slip (n.m.)

le chandail (n.m.)

les pyjamas (n.m.)

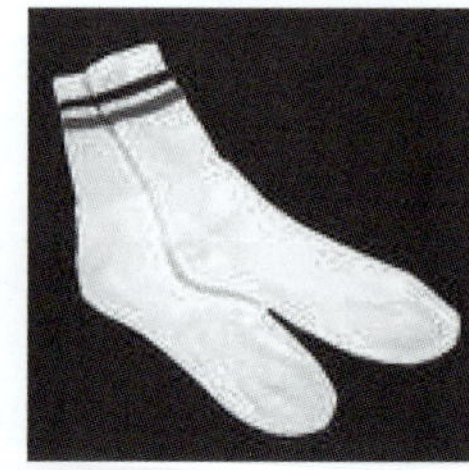
les chaussettes (n.f.)

le col (n.m.)

les bretelles (n.f.)

la chemise (n.f.)

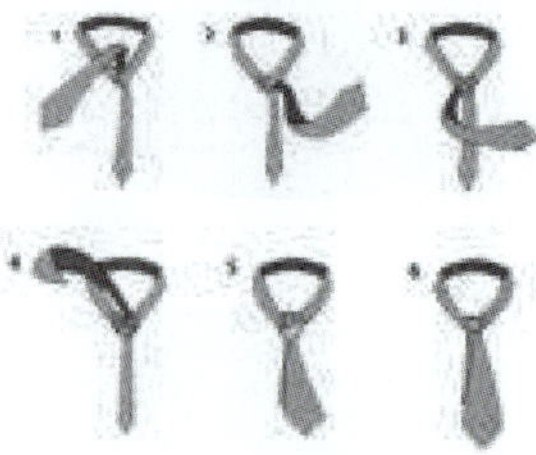
les cravates (n.f.)

Pour femme

les chaussures (n.f.)

le manteau (n.m.)

la robe (n.f.)

la combinaison (n.f.)

l'écharpe (n.f.)

la jupe (n.f.)

la blouse (n.f.)

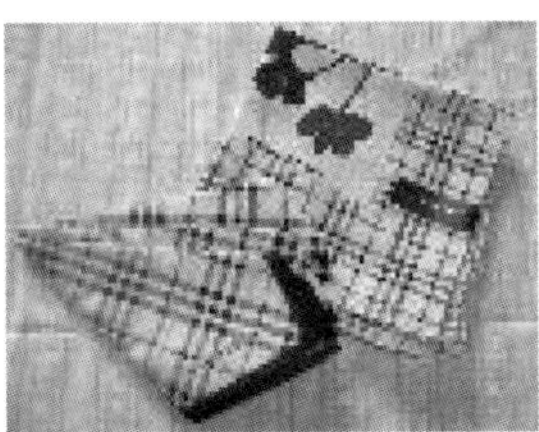
les mouchoirs (n.m.)

les ceintures (n.f.)

les bas (n.m.)

les gants (n.m.)

les chapeaux (n.m.)

Leçon 6

Dialogue 1

A : Qu'est-ce que vous faites ce week-end?
B : Je vais à la campagne pour voir mes parents.
A : Où habitent vos parents?
B : Ils habitent à Daegu.
A : Vous prenez le train?
B : Oui, je prends toujours le train.
A : Combien de temps met-on pour aller à Daegu?
B : On met environ trois heures.
A : Faites un bon voyage!
B : Merci.

Dialogue 2

A : Qu'est-ce que tu vas faire pendant les vacances?
B : Je vais apprendre le français.
A : Où vas-tu apprendre le français?
B : Je vais faire un stage linguistique en France.
A : Ah, tu pars en France?
B : Oui, je vais à Paris.
A : Moi aussi, je pars à l'étranger.
B : Tu pars où?
A : Je vais au Canada.
B : Allez ! Fais un bon voyage!

Ecoutez et répétez

1

1. Qu'est-ce que vous faites ce week-end?
   ➔ Je vais jouer au tennis.
2. Qu'est-ce que tu fais ce samedi?
   ➔ Je vais aller au cinéma.
3. Qu'est-ce qu'il fait demain?
   ➔ Il va jouer au foot avec des amis.
4. Qu'est-ce qu'elles font ce soir?
   ➔ Elles vont danser.

2

1. Combien de temps met-on pour aller au Japon?
   ➔ On met deux heures.
2. Combien de temps mettez-vous pour finir ce travail?
   ➔ Je mets quatre heures et demie.
3. Combien de temps met-il pour faire son devoir?
   ➔ Il met une demi-heure.
4. Combien de temps mettent-ils pour arriver ici?
   ➔ Ils mettent vingt minutes.

Grammaire et expressions

La conjugaison des verbes irréguliers 불규칙동사변화

mettre			
Je	mets	Nous	mettons
Tu	mets	Vous	mettez
Il/Elle	met	Ils/Elles	mettent

prendre			
Je	prends	Nous	prenons
Tu	prends	Vous	prenez
Il/Elle	prend	Ils/Elles	prennent

aller			
Je	vais	Nous	allons
Tu	vas	Vous	allez
Il/Elle	va	Ils/Elles	vont

partir			
Je	pars	Nous	partons
Tu	pars	Vous	partez
Il/Elle	part	Ils/Elles	partent

Le futur proche : aller + Inf. 근접미래

♠ ex. Je joue au tennis. ➜ Je vais jouer au tennis.

Tu danses? ➜ Tu vas danser?

Elle prend un bus. ➜ Elle va prendre un bus.

Nous chantons. ➜ Nous allons chanter.

Ils partent pour Nice. ➜ Ils vont partir pour Nice.

Elles dansent ensemble. ➜ Elles vont danser ensemble.

Combien de . . . ? 몇?

♠ ex. Combien de personnes y a-t-il dans la salle?
➜ Il y a trente personnes.
Combien de frères as-tu?
➜ J'ai deux frères.
Combien d'argent avez-vous?
➜ J'ai dix mille wons.

L'impératif 명령문

Vous dansez.	➜	Dansez !
Vous travaillez bien	➜	Travaillez bien !
Vous faites un bon voyage.	➜	Faites un bon voyage !
Tu fais ton devoir.	➜	Fais ton devoir !

★☆ ***Mais attention !***

Tu danses. ➜ Danse !

Attention à l'absence de 's' à la deuxième personne singulière pour les verbes de premier groupe.

L'impératif négatif 부정명령문

Ne chante pas fort.
Ne fais pas de bruit.
Ne sortez pas.

Exercices

1 *Imitez le modèle.*

Modèle : Vous faites vos devoirs. ➜ Faites vos devoirs!

1. Vous restez à la maison.
   ➜ ________________.
2. Tu chantes la Marseillaise.
   ➜ ________________.
3. Vous allez voir le médecin.
   ➜ ________________.
4. Tu prends le métro.
   ➜ ________________.
5. Vous écoutez bien.
   ➜ ________________.
6. Tu mets ton chapeau.
   ➜ ________________.

2 *Conjuguez les verbes.*

1. Nous (faire) de la musique.
2. Ils (faire) de la danse.
3. Elle (partir) pour les Etats-Unis.
4. Vous (prendre) le bus.
5. Il (aller) voir le médecin.
6. Tu (prendre) l'avion.

3 *Imitez le modèle.*

Modèle : Je joue au foot. ➜ Je vais jouer au foot.

1. Nous chantons. ➜ ______.
2. Ils dansent. ➜ ______.
3. Vous jouez du piano. ➜ ______.
4. Elle prend le train. ➜ ______.
5. Tu fais la cuisine. ➜ ______.
6. Je pars pour la France. ➜ ______.

4 *Imitez le modèle.*

Modèle : Je pars pour la France. Je vais apprendre le français.
➜ Je pars pour la France pour apprendre le français.

1. Il travaille beaucoup. Il va devenir diplomate.
   ➜ ______.
2. Nous allons à Incheon. Nous allons prendre un bateau.
   ➜ ______.
3. Elle va au Canada. Elle va voir ses parents.
   ➜ ______.
4. Ils cherchent un dictionnaire. Ils vont faire leurs devoirs.
   ➜ ______.
5. Il écrit beaucoup. Il va devenir écrivain.
   ➜ ______.
6. Je prends le métro. Je vais arriver à l'heure.
   ➜ ______.

Prépositions devant les noms de lieu

장소 명사 앞에 쓰이는 전치사

◦ En + nom de pays féminin : *en Irlande, en France*
En + nom de continent : *en Europe, en Asie*
En + nom de région : *en Bretagne, en Alsace*

◦ Au + nom de pays masculin singulier : *au Danemark, au Canada*
Aux + nom de pays pluriel : *aux États-Unis, aux Pays-Bas*
À + nom de ville : *à Athènes, à Dublin, à Tokyo*

◦ De + nom de continent, de pays féminin, de région ou de ville :
d'Europe, d'Italie, de Bretagne, de Paris

◦ Du + nom de pays masculin : *du Portugal, du Japon*

◦ Des +nom de pays pluriel : *des États-Unis, des Émirats arabes unis*

Famille

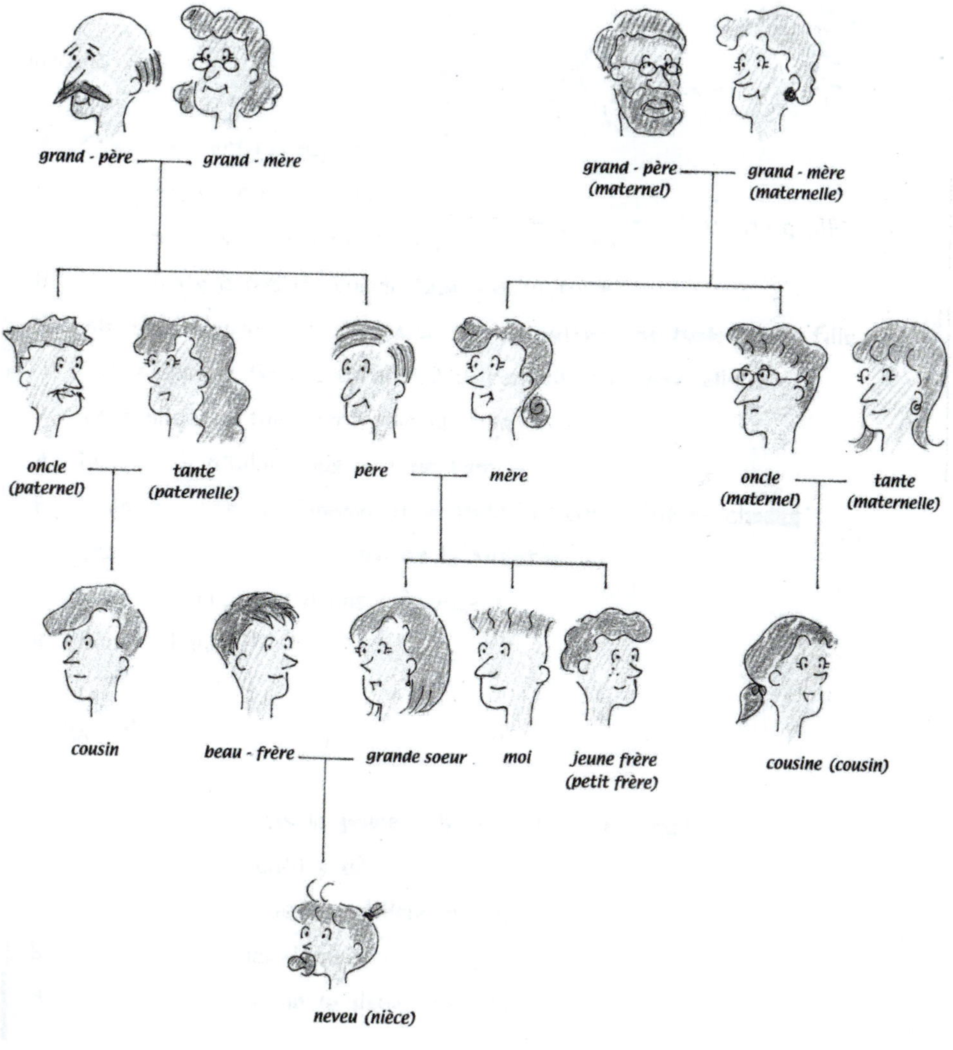

grand - père — *grand - mère*

grand - père (maternel) — *grand - mère (maternelle)*

oncle (paternel) — *tante (paternelle)*

père — *mère*

oncle (maternel) — *tante (maternelle)*

cousin

beau - frère — *grande soeur*

moi

jeune frère (petit frère)

cousine (cousin)

neveu (nièce)

Leçon 7

Dialogue 1

A : Quel jour sommes-nous aujourd'hui?
B : Aujourd'hui, nous sommes le mardi 14 mai.
A : Demain, c'est mercredi. Il n'y a pas de cours.
B : Non, il n'y a pas de cours. Que vas-tu faire?
A : Ah, c'est un secret. Je viens de rencontrer une belle jeune fille. Elle s'appelle Sophie Girard. J'ai rendez-vous avec elle.
B : Vous allez certainement voir un film.
A : Non, nous n'allons pas voir de film.
B : Mais, tu aimes le cinéma et le théâtre, pas d'autres choses.
A : Oui, j'aime bien le cinéma et le théâtre.
Mais demain, nous allons au concert.
B : Ah, c'est bien.

Dialogue 2

A : Est-ce que tu vois la jeune fille au troisième rang?
B : Oui, qu'est-ce qu'il y a?
A : Elle a remporté le grand Prix au concours de chanson.
B : C'est vrai? Qui a été le deuxième?
A : Paul Vertin a gagné le deuxième prix.
Mais, pour moi, Paul a mieux chanté que cette jeune fille.
B : C'est ton idée.
A : Oui, mais Paul a reçu un applaudissement plus fort des spectateurs.
B : Les spectateurs ne sont pas les juges.

Ecoutez et répétez

1

A : Quel jour sommes-nous aujourd'hui?
B : Aujourd'hui, nous sommes le 25 avril.

A : Quel jour de la semaine est-ce aujourd'hui?
B : Aujourd'hui, c'est lundi.

A : Quel jour est-ce aujourd'hui?
B : Aujourd'hui, c'est le vendredi 28 juin.

A : Quel jour est-ce aujourd'hui?
B : Aujourd'hui, c'est vendredi, le 15 juillet.

2

A : Qu'est-ce qu'il y a?
B : Je viens de rencontrer un vieil ami à moi.

A : Qu'est-ce que vous avez?
B : Nous venons d'acheter un nouvel ordinateur.

3

A : Qui a gagné le premier prix?
B : C'est Sylvie.

A : Qu'est-ce que tu as fait?
B : J'ai fait mon devoir de français.

Grammaire et expressions

Le passé composé (1) 복합과거

le présent du verbe AVOIR + participe passé

Pierre a regardé la télévision.
Sylvie a gagné le premier prix.
J'ai fini mon devoir de français.

Le passé récent : 근접과거

le présent du verbe VENIR + de + inf.

Il vient de finir son travail.
Nous venons de voir notre professeur.
Elles viennent de monter dans le train.

Les adjectifs interrogatifs 의문형용사

	m.	f.
s.	quel	quelle
pl.	quels	quelles

♠ ex. Quel sport pratiques-tu?
Quel est votre nom?
Quelle est votre adresse?
Quels vêtements voulez-vous acheter?
Quelles couleurs choisissent-ils?

Les numéros ordinaux 서수

premier (première) deuxième troisième quatrième
cinquième sixième septième . . .
dernier (dernière)

♠ ex. le premier prix la première leçon
le deuxième rang la deuxième place
le dernier prix la dernière leçon

Certains adjectifs qualificatifs 품질형용사

mon vieux copain	mon vieil ami	ma vieille amie
mon nouveau dictionnaire	mon nouvel appartement	ma nouvelle voiture

Le jour et la date 날과 날짜

1. Les jours de la semaine

lundi	mardi	mercredi	jeudi	vendredi	samedi	dimanche

2. Les mois de l'année

janvier	février	mars	avril	mai	juin
juillet	août	septembre	octobre	novembre	décembre

3. La saison

le printemps	l'été	l'automne	l'hiver
au printemps	en été	en automne	en hiver

4. La date

Le 14 juillet est le jour de la fête nationale de France.

Le 15 août est le jour de l'indépendance de Corée.

Exercices

1 *Imitez le modèle.*

Modèle : Elle chante. ➜ Elle a chanté.

1. Il danse. ➜ ____________.
2. Je regarde la télévision. ➜ ____________.
3. Ils jouent au foot. ➜ ____________.
4. Nous commençons la leçon 8. ➜ ____________.
5. Vous finissez votre travail. ➜ ____________.
6. Tu fais ton devoir. ➜ ____________.

2 *Imitez le modèle.*

Modèle : Il finit son travail. ➜ Il vient de finir son travail.

1. Elle chante une chanson. ➜ ____________.
2. Nous jouons à l'ordinateur. ➜ ____________.
3. Ils arrivent à la gare. ➜ ____________.
4. Il rencontre son amie. ➜ ____________.
5. Je finis mon devoir. ➜ ____________.
6. Elle fait la cuisine. ➜ ____________.

3 *Répondez aux questions.*

1. Quel jour est-ce aujourd'hui?

 ....

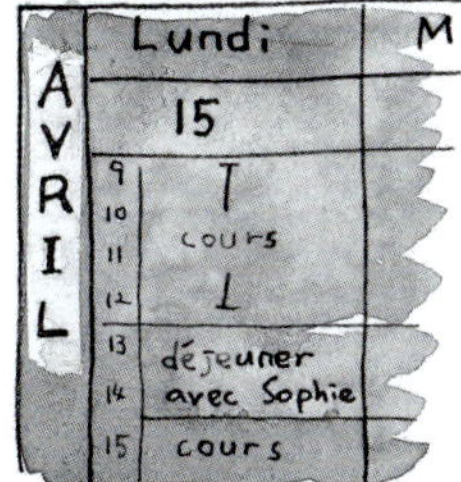

2. Quel jour de la semaine est-ce aujourd'hui?

 ....

3. Quel jour est-ce aujourd'hui?

➜ ....

4 *Mettez l'adjectif interrogatif qui convient.*

1. (   ) est ton adresse?
2. (   ) sont vos habitudes?
3. De (   ) couleur est le mur?
4. (   ) sont leurs projets?
5. (   ) ordinateur veux-tu?
6. A (   ) étage habitez-vous?

5 *Répondez aux questions.*

1. En quel mois sommes-nous? (mai)

→ ______________________.

2. En quel mois sommes-nous? (mois d'octobre)

→ ______________________.

3. En quelle saison sommes-nous? (printemps)

→ ______________________.

4. En quelle saison sommes-nous? (été)

→ ______________________.

5. En quelle saison sommes-nous? (automne)

→ ______________________.

6. En quelle saison sommes-nous? (hiver)

→ ______________________.

6 *Ecrivez les numéros ordinaux.*

1. la (   ) leçon (1er)
2. le (   ) rang (8e)
3. le (   ) jour (5e)
4. la (   ) place (dernier)

Les quatre saisons et les climats

4 계절과 날씨

les quatre saisons

- le printemps
- l'été
- l'automne
- l'hiver

Quel temps fait-il?

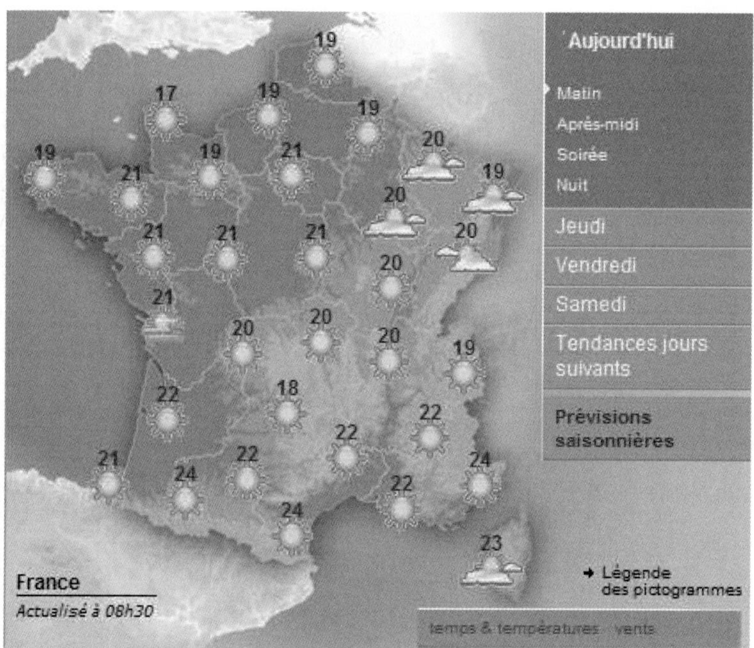

 Il fait beau.

 Le ciel s'éclaircit.

 Il fait gris.

 Il fait des éclairs.

 Il pleut.

 Il neige

Leçon 8

Dialogue 1

A : Bonjour, Mireille !
B : Bonjour, Jacques !
A : Qu'est-ce que tu as fait pendant les grandes vacances?
B : Je suis allée à Londres pour un stage linguistique.
A : Ah, tu as appris l'anglais?
B : Oui, j'ai fréquenté un Institut de langue.
A : Tu as été logée où?
B : Moi, je suis restée chez une amie à moi.
A : Elle est anglaise?
B : Oui, d'ailleurs elle est venue ici pour apprendre le français.
Elle reste maintenant chez moi.

Dialogue 2

A : Est-ce que tu connais cette jeune fille?
B : Non, je ne la connais pas. Qui est-ce?
A : C'est une chanteuse canadienne.
B : Pourquoi est-elle venue ici?
A : Elle donne un concert à l'Olympia.
J'adore ses chansons.
B : Mais moi, je préfère le sport aux chansons.

Ecoutez et répétez

1

1. Est-ce que tu connais ce petit garçon?
   → Non, je ne le connais pas.
2. Est-ce que vous regardez la télévision?
   → Non, je ne la regarde pas.
3. Est-ce que vous prenez ces billets?
   → Oui, je les prends.
4. Est-ce qu'elle fait la cuisine?
   → Non, elle ne la fait pas.
5. Est-ce que tu aimes Marie?
   → Oui, je l'aime beaucoup.

2

1. Où est-il allé?
   → Il est allé à Séoul, en Corée.
2. Où est-elle allée?
   → Elle est allée aux Etats-Unis.
3. Où sont-ils allés?
   → Ils sont allés à l'école.
4. Où sont-elles allées?
   → Elles sont allées au Japon.

Grammaire et expressions

Le passé composé (2) 복합과거

le présent du verbe ÊTRE + participe passé :
Le participe passé s'accorde avec le sujet.

Il est allé à l'école.
Elle est allé**e** chez ses parents.
Ils sont allé**s** au stade de foot.
Elles sont allé**es** au musée.

Les pronoms compléments d'objet direct 직접목적보어 대명사

	s.	pl.
1er	me	nous
2e	te	vous
3e	le / la	les

Je connais ce garçon. ➜ Je le connais.
Je connais cette jeune fille. ➜ Je la connais.
Je connais ces garçons. ➜ Je les connais.
Je connais ces jeunes filles. ➜ Je les connais.
Tu me regardes.
Est-ce que vous me suivez?

Les pronoms personnels toniques

강세형 인칭대명사

	s.	pl.
1er	moi	nous
2e	toi	vous
3e	lui / elle	eux / elles

Moi, je préfère le sport à la musique.
Toi, tu aimes la musique.
Lui, il veut rester à la maison.
Mais **eux,** ils veulent aller au cinéma.
Je suis resté chez **moi.**
Je fais tout pour **toi.**

préférer qc à qc

Je préfère le football au baseball.
Elle préfère la danse à la chanson.

La conjugaison du verbe CONNAÎTRE

CONNAÎTRE 동사 현재 변화

Je	connais	Nous	connaissons
Tu	connais	Vous	connaissez
Il	connaît	Ils	connaissent

Exercices

1 *Imitez le modèle.*

Modèle : Jeanne va à l'école. ➔ Jeanne est allée à l'école.

1. Jean et Jules vont aux Etats-Unis.
   ➔ ______________________.
2. Ils arrivent à l'aéroport.
   ➔ ______________________.
3. Ils restent à la campagne.
   ➔ ______________________.
4. Sophie sort de la salle.
   ➔ ______________________.
5. Elles descendent de l'escalier.
   ➔ ______________________.
6. Elles partent en voiture.
   ➔ ______________________.

2 *Répondez aux questions en utilisant un pronom complément d'objet.*

1. Est-ce que tu cherches le dictionnaire?
   ➔ Oui, ______________________.
2. Est-ce que vous préparez la cuisine?
   ➔ Non, ______________________.
3. Est-ce qu'elle apprend l'allemand?
   ➔ Non, ______________________.

4. Est-ce qu'il aime ses professeurs?
   ➜ Oui, ______________________.
5. Est-ce qu'ils font leurs devoirs?
   ➜ Non, ______________________.

3 *Complétez avec le pronom personnel tonique.*

1. (   ), je veux jouer au football.
2. Jean et Marie, (   ), ils veulent danser.
3. (   ), elle reste dans la chambre.
4. (   ), tu dois finir ton devoir.
5. (   ), nous devons sortir de la salle.
6. (   ), vous devez respecter la règle.

4 *Mettez dans l'ordre les expressions suivantes.*

1. Où es-tu allée hier soir?
2. C'est où?
3. Nous avons fait les devoirs de mathématiques.
4. Qu'est-ce que vous avez fait?
5. Je suis allée chez une amie à moi.
6. C'est à Cheongpadong.

(   ) - (   ) - (   ) - (   ) - (   ) - (   )

5 *Répondez aux questions suivantes.*

1. Comment vous appelez-vous?
   → ______________________________.
2. Qu'est-ce que vous avez fait le week-end dernier?
   → ______________________________.
3. Est-ce que vous êtes allé(s, es) chez vos parents?
   → ______________________________.
4. Qu'est-ce que vous allez faire cet après-midi?
   → ______________________________.
5. Est-ce que vous avez mangé?
   → ______________________________.
6. Où avez-vous mangé?
   → ______________________________.

6 *Conjuguez le verbe CONNAÎTRE*

1. Je (   ) Monsieur Paul Durand.
2. Il ne (   ) pas Madame Dupuis.
3. Vous (   ) le Président de la République?
4. Elles ne (   ) pas l'histoire de France.
5. Nous (   ) bien ce musicien.
6. Tu (   ) cette chanteuse?

Fête de la musique

음악축제

A la demande de Jack Lang, la Fête de la Musique est lancée, le 21 juin 1982, jour du solstice d'été, nuit païenne se référant à l'ancienne tradition des fêtes de Saint-Jean.

Leçon 9

Dialogue 1

A : Tiens, Jean. Je t'ai téléphoné hier soir. Mais tu n'étais pas là.
B : C'était à quelle heure?
A : C'était à neuf heures et demie.
B : Non, je n'étais pas chez moi. Je suis allé voir un film.
Pourquoi tu m'as téléphoné?
A : Est-ce que tu as parlé à Sophie de mon histoire?
B : Non, je ne lui en ai pas parlé.
A : Bien. Je veux lui en parler.
B : Entendu.

Dialogue 2

A : Est-ce que tu connais cette jeune fille?
B : Quelle jeune fille?
A : La jeune fille à côté de la fenêtre.
B : Non, je ne la connais pas. Qui est-ce?
A : C'est ma cousine, Sylvie.
B : C'est vrai? Mais elle est très grande.
Il me semble qu'elle est plus grande que moi.
A : Oui. Elle est sportive. Elle était championne de marathon l'an dernier.
B : Toi aussi, tu cours vite.
A : Oui, mais je cours moins vite qu'elle.

Ecoutez et répétez

1

A : Est-ce que tu as téléphoné à ton professeur?
B : Oui, je lui ai téléphoné.

A : Est-ce que vous avez parlé au directeur?
B : Non, je ne lui ai pas parlé.

A : Est-ce que vous avez montré ces photos à vos enfants?
B : Oui, je leur ai montré ces photos.

A : Est-ce qu'elle a obéi à ses parents?
B : Oui, elle leur a obéi.

2

A : Est-ce que Paul est plus grand que toi?
B : Oui, il est plus grand que moi.

A : Est-ce que Jeanne est plus grande que Paul?
B : Non, elle n'est pas plus grande que Paul.
Elle est plus petite que lui.

A : Est-ce que Sylvie est aussi grande que Jeanne?
B : Non, elle n'est pas si grande que Jeanne.

A : Est-ce que Françoise est moins grande que Jean?
B : Oui, elle est moins grande que lui.

Grammaire et expressions

L'imparfait 반과거

je	- ais	nous	- ions
tu	- ais	vous	- iez
il	- ait	ils	- aient

Formation

aimer : nous aimons -> aim + ais ...
finir : nous finissons -> finiss + ais ...
être : ét + ais ...
avoir : av + ais ...

♠ ex. Quand je suis entré dans la chambre, elle téléphonait à son amie.
Quand elle était jeune, elle allait souvent à la piscine.
Il a cru que ses parents étaient à la maison.

Les pronoms compléments d'objet indirect

간접목적보어 대명사

	s.	p.
1er	me	nous
2e	te	vous
3e	lui	leur

♠ ex. Je te montre les photos.
Nous vous montrons les photos.
Il a montré les photos à Sylvie.
➜ Il lui a montré les photos.
Elle a obéi à ses parents.
➜ Elle leur a obéi.

Le comparatif 비교급

supériorité	plus . . . que
égalité	aussi . . . que
infériorité	moins . . . que

♠ ex. Jean est plus grand que Pierre.
Il est aussi grand que mon ami.
Sylvie est moins grande que Jean.

★☆ *Mais attention !*

Ce stylo est bon.
→ Ce stylo est meilleur que l'autre.
Jean travaille bien.
→ Jean travaille mieux que Paul.

La comparaison des noms 명사 비교

Jean a autant de livres que Paul.
Jacques a plus de livres que Sylvie.
Sylvie a moins de livres que Jacques.

Exercices

1 *Conjuguez les verbes à l'imparfait.*

1. Elle (aimer) ses enfants.
2. Il (choisir) toujours la couleur claire.
3. Vous (avoir) une belle voiture.
4. Nous (obéir) à nos parents.
5. Tu (prendre) les photos.
6. Ils (être) heureux.

2 *Répondez aux questions.*

1. Est-ce que Jeanne est plus grande que Sophie?
   → Oui, ____________________.
2. Est-ce que Sophie est moins grande que Françoise?
   → Oui, ____________________.
3. Est-ce que Françoise est aussi grande que Jeanne?
   → Non, ____________________.

4. Est-ce que Jacques a plus de livres que Pierre?
   ➜ Oui, ______________________________.

Pierre Jacques

5. Est-ce que ce stylo est meilleur que l'autre?
   ➜ Oui, ______________________________.
6. Est-ce que tu cours plus vite que lui?
   ➜ Non, ______________________________.

3 *Transformez les mots soulignés par les pronoms.*

1. Pierre téléphone <u>à sa mère.</u>
   ➜ ______________________________.
2. Jean a parlé <u>à son professeur.</u>
   ➜ ______________________________.
3. Nous avons montré ces photos <u>à nos parents.</u>
   ➜ ______________________________.
4. Elles ont donné des cadeaux <u>aux enfants.</u>
   ➜ ______________________________.
5. Elle indique le chemin <u>à un passant.</u>
   ➜ ______________________________.
6. Il explique le projet <u>au directeur.</u>
   ➜ ______________________________.

4 *Transformez les mots soulignés par les pronoms, et réécrivez les phrases.*

1. Paul donne de l'argent à son frère.
   ➜ ....
2. Ma mère a montré sa photo à mes amis.
   ➜ ....
3. Pierre et ses amis distribuent les pommes aux enfants.
   ➜ ....
4. Jeanne et Sylvie ont téléphoné à leurs amis.
   ➜ ....
5. Robert et Sandrine expliquent le projet à leur fille.
   ➜ ....
6. Mon voisin demande pardon à mon père.
   ➜ ....

5 *Complétez les cases vides.*

					E	R	C	R	E	D	I
			S		M	E	D	I			
V	E	N	D		E	D	I				
	L	U	N		I						
J	E	U	D								

Fruits et Légumes

과일과 야채

Pomme de terre

Carotte

Tomate

Brocoli

Avocat

Céleri

Aubergine

Chou

Épinard

Oignon

Raisin

Poire

Pomme

Melon

Fraise

Banane

Leçon 10

Dialogue 1

A : Sylvie, comment trouves-tu cette robe?
B : Je la trouve très jolie. Et elle te va bien.
A : Merci. Je l'ai achetée hier.
B : Elle coûte combien?
A : Elle coûte quarante euros.
B : Ce n'est pas cher.
A : Non, ce n'est pas cher.
Et comment tu trouves ce sac?
B : Comme il est beau!
A : Ça aussi, je l'ai acheté hier.
B : Il coûte combien?
A : Il coûte soixante euros.
B : Qu'est-ce qu'il est beau!

Dialogue 2

A : Pierre, est-ce que tu as montré ces photos à Sylvie?
B : Oui, je les lui ai montrées.
A : Qu'est-ce qu'elle a dit?
B : Elle a dit que les photos étaient bien prises.
A : Est-ce que tu vas les montrer à quelqu'un d'autre?
B : Oui, je vais les montrer à mes amis de classe.
A : Si tu les mets sur internet, tout le monde peut les regarder.
B : C'est une bonne idée.
A : Mets-les sur internet.
B : D'accord.

Ecoutez et répétez

1. Comment trouvez-vous cette cravate?
   ➜ Je la trouve très belle.

2. Comment trouves-tu ces chocolats?
   ➜ Je les trouve bons.

3. Comment trouvent-ils ces chaussures?
   ➜ Ils les trouvent belles.

4. Comment trouve-t-elle ce pantalon?
   ➜ Elle le trouve beau.

2

1. Est-ce que Paul explique son projet à ses parents?
   ➜ Oui, il le leur explique.

2. Est-ce que tu as montré ces images à ta mère?
   ➜ Non, je ne les lui ai pas montrées.

3. Est-ce que tu vas m'indiquer le chemin?
   ➜ Oui, je vais te l'indiquer.

4. Est-ce que Jean va donner ces cahiers aux enfants?
   ➜ Oui, il va les leur donner.

Grammaire et expressions

La place des pronoms compléments

보어대명사 위치

A	B	C
me	le	lui
te	la	leur
se	les	
nous		
vous		

Les compositions possibles : A + B ou B + C

♠ ex. Tu me le donnes.
Je te la montre.
Je le lui donne.
Vous les leur montrez.
Elle va vous le donner.
Il peut les lui montrer.

L'accord du participe passé avec le complément d'objet direct :

직접목적보어와 과거분사 일치

♠ ex. J'ai fini mon devoir. ➜ Je l'ai fini.
J'ai fini mes devoirs. ➜ Je les ai finis.
Je lui ai montré cette photo. ➜ Je la lui ai montrée.
Je leur ai montré ces photos. ➜ Je les leur ai montrées.

L'accord entre le complément et son attribut

보어와 보어속사의 일치

♠ ex.

Je trouve ce roman intéressant.
→ Je le trouve intéressant.
Mon ami trouve Sophie très belle.
→ Il la trouve très belle.
Ma mère trouve mes amis intelligents.
→ Elle les trouve intelligents.
Je trouve ces chapeaux très beaux.
→ Je les trouve très beaux.

Comment trouvez-vous cette robe?
→ Je la trouve belle.
Comment trouvez-vous ces chapeaux?
→ Je les trouve beaux.

L'exclamation 감탄문

Comme il fait beau!
Qu'il fait beau!
Qu'est-ce qu'il fait beau!
Quel beau temps!
Quelle belle fleur!
Quelles belles chansons!

Exercices

1 *Transformez les mots soulignés par les pronoms et récrivez les phrases.*

1. Pierre va me rendre la cassette.
   ➜ ______________________.
2. Elle peut nous montrer ses albums.
   ➜ ______________________.
3. Est-ce que tu peux lui raconter cette histoire?
   ➜ ______________________.
4. Nous pouvons les donner aux enfants.
   ➜ ______________________.
5. Je dois rendre les devoirs au professeur.
   ➜ ______________________.
6. Est-ce que vous pouvez expliquer vos projets à vos amis?
   ➜ ______________________.

2 *Transformez les mots soulignés par les pronoms et récrivez les phrases.*

1. Elle a fini ses devoirs.
   ➜ ______________________.
2. Il a fabriqué cette machine.
   ➜ ______________________.
3. Nous avons entendu ces chansons.
   ➜ ______________________.

4. Elle a écrit ces lettres.
   ➜ .
5. Ils ont montré ces photos au professeur.
   ➜ .
6. J'ai donné les livres aux enfants.
   ➜ .

3 *Imitez le modèle.*

Modèle : Comment trouves-tu ce film? (intéressant)
➜ Je le trouve intéressant.

1. Comment trouvez-vous cette jupe? (joli)
   ➜ .
2. Comment trouvent-ils ces chapeaux? (beau)
   ➜ .
3. Comment trouves-tu ces cravates? (cher)
   ➜ .
4. Comment trouve-t-elle ces robes? (beau)
   ➜ .
5. Comment trouvez-vous cette chambre? (un peu bruyant)
   ➜ .
6. Comment trouves-tu ces enfants? (mignon)
   ➜ .

4 *Imitez le modèle.*

Modèle : Elle est belle.
➜ Comme elle est belle!
➜ Qu'elle est belle!
➜ Qu'est-ce qu'elle est belle!

1. Il a grandi.
   ➜ ________________________.
   ➜ ________________________.
   ➜ ________________________.

2. Ils sont gentils.
   ➜ ________________________.
   ➜ ________________________.
   ➜ ________________________.

3. Elle coûte cher.
   ➜ ________________________.
   ➜ ________________________.
   ➜ ________________________.

4. Elles sont mignonnes.
   ➜ ________________________.
   ➜ ________________________.
   ➜ ________________________.

Le mode de paiement

지불 방식

Vous payez comment?

- Je paie en espèces. (en liquide)

L'Europe dans le monde			L'Europe comme une alliance d'États			L'Europe sans frontières	
0,01 €	0,02 €	0,05 €	0,10 €	0,20 €	0,50 €	1 €	2 €

- Je paie par chèque.

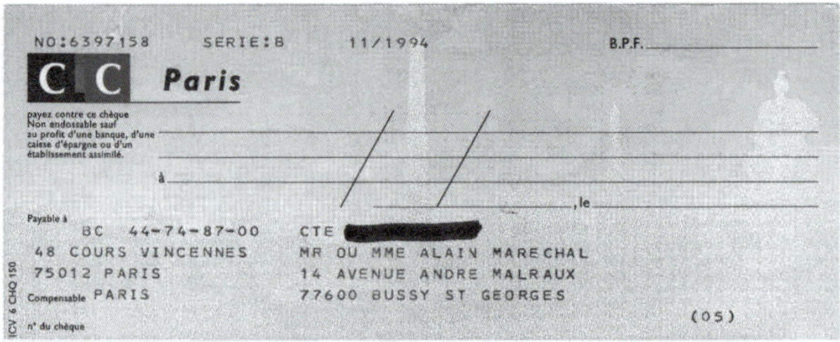

NO:6397158 SERIE:B 11/1994 B.P.F.

CC Paris

payez contre ce chèque
Non endossable sauf au profit d'une banque, d'une caisse d'épargne ou d'un établissement assimilé.

à

, le

Payable à BC 44-74-87-00
48 COURS VINCENNES
75012 PARIS
Compensable PARIS

CTE
MR OU MME ALAIN MARECHAL
14 AVENUE ANDRE MALRAUX
77600 BUSSY ST GEORGES

(05)

n° du chèque

- Je paie par carte bancaire. (par carte de crédit)

Deuxieme Partie

11

Dialogue

Pierre : Quand partiras-tu en vacances? Il faut réserver un billet d'avion, quelques mois à l'avance. Tu as déjà réservé?

Sophie : Non, mais ça ira. Ne t'inquiète pas pour moi. Et toi, qu'est-ce que tu comptes faire pendant les vacances?

Pierre : Moi, je ne partirai pas cette année. J'ai trop de travail à terminer. En plus, je n'ai pas assez d'argent. Mais j'adore rester à Paris en été : puisque la capitale est désertée par les Parisiens, il n'y a que des touristes.

Sophie : Pierre, tout à coup, j'ai faim. Tu veux des chocolats?

Pierre : Ah, oui, j'en veux bien! Humm, ils sont très bons!
Cette année, personne ne m'a offert de boîte de chocolats.
D'habitude, j'en reçois au moins une à Noël.

Sophie : J'y penserai pour Noël prochain.

Pierre : Merci. Je t'adore! Il n'y a que toi pour me faire des cadeaux.

Sophie : C'est la gourmandise qui te fait mentir!

Expressions

1

Je t'attendrai à 7 heures.
Tu finiras tes devoirs jusqu'à ce soir.
Qui gagnera? Qui perdra?
On vous surveillera pendant l'examen.
On vivra dans l'espace.

2

Jean fait un voyage à Séoul?
→ Oui, il y fait un voyage.
Elle entre cette année à la fac?
→ Oui, elle y entre cette année.
Est-ce que vous pensez souvent à vos parents?
→ Oui, je pense souvent à eux.
Pensez-vous un peu à votre pays?
→ Oui, j'y pense toujours.

3

Tu sors du bureau?
→ Oui, j'en sors.
Ce train vient de Pusan?
→ Oui, il en vient.
As-tu demandé de l'argent à ton père?
→ Oui, je lui en ai demandé.
→ Non, je ne lui en ai pas demandé.

Grammaire

Le futur simple

Je Tu Il, Elle Nous Vous Ils, Elles	partir dir(e) prendr(e) connaîtr(e) vivr(e)	ai as a ons ez ont

Avoir	
J'	aurai
Tu	auras
Il(Elle)	aura
Nous	aurons
Vous	aurez
Ils(Elles)	auront

Etre	
Je	serai
Tu	seras
Il(Elle)	sera
Nous	serons
Vous	serez
Ils(Elles)	seront

Le futur simple de l'indicatif de quelques verbes du 3e groupe :

pouvoir			
je	pourrai	nous	pourrons
tu	pourras	vous	pourrez
il	pourra	ils	pourront

vouloir			
je	voudrai	nous	voudrons
tu	voudras	vous	voudrez
il	voudra	ils	voudront

voir			
je	verrai	nous	verrons
tu	verras	vous	verrez
il	verra	ils	verront

courir			
je	courrai	nous	courrons
tu	courras	vous	courrez
il	courra	ils	courront

*Le pronom neutre **en**, y*

en = *de* + le nom

Il remplace un nom de chose précédé de la préposition **de**

Il est sorti de la maison → Il en est sorti.
Depuis combien de temps jouez-vous de la guitare?
→ J'en joue depuis trois ans.
A quelle heure sortez-vous du bureau?
→ J'en sors à 17 heures.

y = *à*, *dans*, *sur*, . . . + le nom

- un nom de chose précédé de la préposition **à**
- un complément de lieu introduit par **à, dans, en, sur, sous, etc.**

Nous sommes allés à la mer → Nous y sommes allés.
Depuis quand êtes-vous à Paris? → J'y suis depuis un mois.
J'ai passé une semaine dans ce village → J'y ai passé une semaine.
Depuis combien de temps travaillez-vous dans cette entreprise?
→ J'y travaille depuis six mois.

Exercices

1 *Ecrivez les verbes entre parenthèses au futur simple.*

1. Quand elle (être) grande, elle (aller) étudier à l'étranger.
2. Quand je (avoir) assez d'argent, je (partir) en France.
3. Il (conduire) quand il (avoir) 18 ans.
4. Tu (voir), tout (recommencer).
5. Nous (faire) des progrès quand nous (travailler) sérieusement.

2 *Remplacez un nom par "en" ou "y".*

1. Tu fais du sport?
   ➜ Oui, je ( ) un peu.
2. Vous faites beaucoup de sport?
   ➜ Non, je ( ).
3. Sais-tu jouer du piano?
   ➜ Oui, je ( ).
4. Je n'ai pas d'argent.
   ➜ Ne t'inquiète pas, je ( ) un peu.
5. Sylvie habite rue de la République?
   ➜ Oui, elle ( ).
6. On déjeune au restaurant universitaire à midi?
   ➜ D'accord, on ( ).
7. Tu vas à l'université aujourd'hui?
   ➜ Non, je ( ).

3 *Allez plus loin : au futur simple*

1. Il (falloir) de l'argent pour acheter des fruits.
2. Que (faire)-vous?
3. Que (devenir)-vous?
4. Dans deux ans je (passer) le bac et (entrer) à la fac. de médecine.

Crêpes bretonnes

250g de farine, 4 oeufs, 1/2 litre de lait
1 cuillerée à soupe de sucre, 1 cuillerée à café de sel.
50g de beurre, une bouteille de Calvados.

A. Mélanger la farine avec les oeufs, le sel, le sucre et le lait froid.

B. Ajouter le beurre et deux verres de calva.

C. Attendre une ou deux heures.

D. Dans une poele chaude et beurrée, verser assez de pâte, mais pas trop.

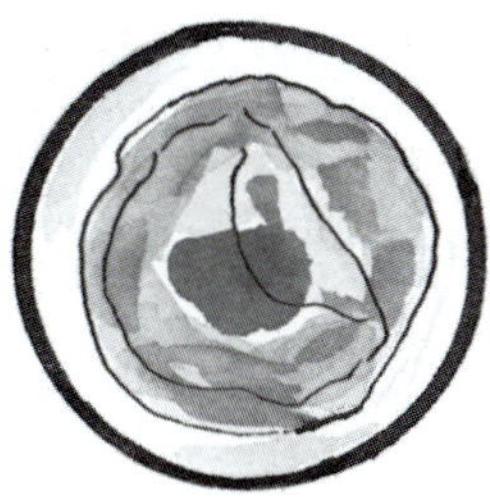

E. Cuire une ou deux minutes et retourner la crêpe.

1. Versez la pâte avec la louche.
2. Etalez avec le rateau.
3. Retournez la crêpe avec la spatule.

Leçon 12

Dialogue

Jules : Ma soeur s'intéresse beaucoup au foot. Quand il y a de grands matchs, elle ne quitte pas la télé. Elle fait aussi partie d'un club de foot. Elle joue tous les week-ends. Moi, je me passionne pour la musique classique. Je joue de la flûte. Je préfère rester au calme, lire des livres, ou me promener. Nous sommes très différents.

Marc : La mienne se lève très tard et elle mange beaucoup, mais pas avec nous. Elle est ronde comme un ballon. Elle vit la nuit. Elle adore "surfer", mais plutôt sur internet.

Jules : Comme ma soeur veut garder la ligne, elle se lève tôt. Elle me pousse à faire du sport, mais je n'aime pas ça.

Marc : Humm, je te conseille de courir un peu, tu as bien grossi ces temps-ci.

Jules : Tu crois?

Marc : Je dis la même chose à ma soeur.

Jules : Alors, moi aussi je suis rond comme un ballon?

Marc : Comme un ballon de football! Ah! Ah!

Expressions

Les enfants se lavent avant d'aller se coucher.

Je me réveille à 6 heures du matin, me lève une demi-heure après.

Je me couche très tard.

Tu te dépêches. - Dépêche-toi.

Ne te couvre pas la tête. - Couvre-toi la tête.

Je me laisse pousser les cheveux.

Il se fait un peu mal en tombant.

Ma grand-mère s'endort devant la télé.

Regardez les enfants qui s'amusent dans la cour.

J'aime me promener dans la forêt, je m'intéresse aux arbres.

Il s'appelle Jean Barre.

L'animal se sauve.

Elle se fâche facilement.

Est-ce que vous pouvez vous taire?

Tes parents commencent à s'inquiéter.

Elle se prend pour Catherine Deneuve.

Grammaire

Les verbes pronominaux

(Se réveiller)			
Je me réveille	Nous nous réveillons	Je me réveillerai	Nous nous réveillerons
Tu te réveilles	Vous vous réveillez	Tu te réveilleras	Vous vous réveillerez
Il se réveille	Ils se réveillent	Il se réveillera	Ils se réveilleront

Je me suis réveillé(e)	Nous nous sommes réveillé(e)s
Tu t'es réveillé(e)	Vous vous êtes réveillé(e)s
Il s'est réveillé	Ils se sont réveillés
Elle s'est réveillée	Elles se sont réveillées

Réveille-toi	Je ne me réveille pas
Réveillons-nous	Je ne me réveillerai pas
Réveillez-vous	Je ne me réveillais pas
	Je ne me suis pas réveillé(e)

Me réveillant
Te réveillant

Emploi des verbes pronominaux

1. Sens réfléchi

   Je me lève à six heures tous les matins.

   Je me lave tous les soirs.

2. Sens réciproque

   Ils s'aiment l'un l'autre.

   Ils se battent cruellement.

3. Sens passif

   Les disques de H.O.T. se vendent bien.

   La fenêtre s'est cassée.

4. Proprement pronominal

   Je me souviens bien de leur histoire.

   Il s'en va sans me parler.

   Elle se moque de lui.

Exercices

Conjuguez les verbes entre parenthèses :

1. Mes parents (s'intéresser) toujours à l'histoire coréenne.
2. Quand je (se trouver) dans le noir, j'ai peur.
3. Jean et moi, nous (s'amuser) tout le temps.
4. Elle (se mettre) à sangloter.
5. Tu (s'asseoir) à côté de moi.
6. Je (se tromper).
7. Il (se sentir) mal et il (se coucher).
8. Il (se raser), (se brosser) les dents et (se coiffer).
9. Alain et Anne (s'aimer)
10. Elle (s'excuser) de son retard.
11. Ils (s'entendre) bien.
12. Vous (se servir) de cet ordinateur tous les jours?
13. Ils (s'attendre) à gagner le match, mais ils l'ont perdu.
14. Vous (savoir s'occuper) d'un enfant?
15. Je (s'arrêter) de fumer.
16. Que (se passer-t) -il?
17. Tu (se souvenir) de cette aventure?

Le corps et la tête

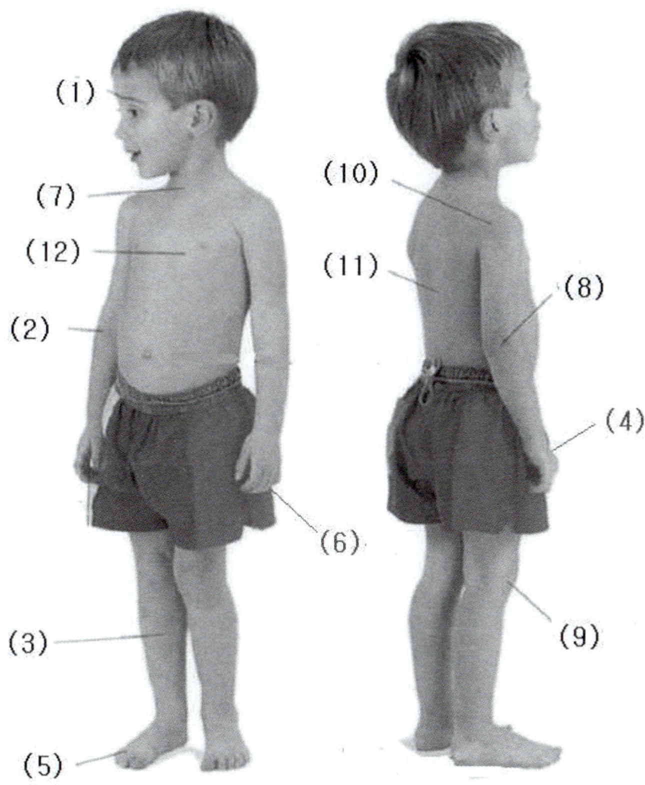

(1) la tête
(2) le bras droit
(3) la jambe droite
(4) la main droite
(5) le pied droit
(6) les doigts
(7) le cou
(8) le coude
(9) le genou
(10) les épaules
(11) le dos
(12) la poitrine

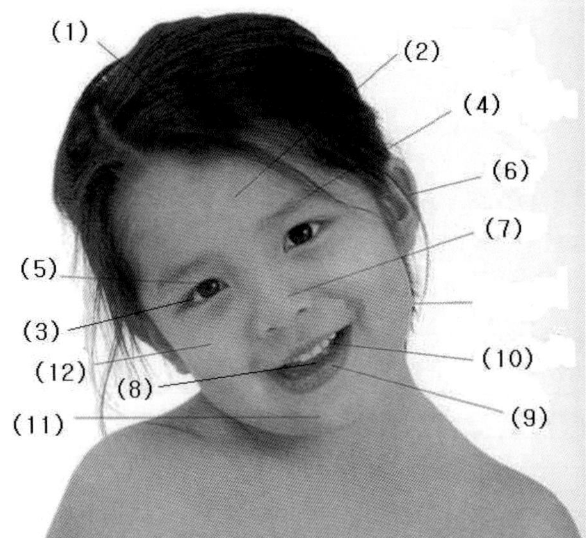

(1) les cheveux (n.m.)
(2) le front
(3) les yeux (un oeil)
(4) les cils (n.m.)
(5) les sourcils (n.m.)
(6) les oreilles (n.f.)
(7) le nez (n.m.)
(8) les lèvres (n.f.)
(9) la bouche
(10) les dents (n.f.)
(11) le menton
(12) les joues (n.f.)

Leçon 13

Dialogue

Thomas : Salut! Je ne te dérange pas?

Anne : Non, ça va. Je suis en train d'étudier l'espagnol. J'aimerais travailler dans un pays où l'on parle espagnol. Et toi, qu'est-ce que tu veux devenir dans l'avenir?

Thomas : Moi? Eh bien, j'aimerais devenir journaliste.

Thomas : Depuis longtemps, Je rêve de travailler, voyageant dans le monde entier. Surtout J'adore visiter les pays peu connus pour les faire connaître aux gens.

Anne : Ah! Je ne connaissais pas tes projets fantastiques.

Thomas : Connais-tu, par hasard, le pays idéal pour moi?

Anne : Je crois qu'on peut trouver facilement un poste à l'étranger, si l'on parle bien les langues. Pour cela, je travaille avec zèle.

Thomas : Dis donc, je devrais étudier, comme toi, sérieusement les langues étrangères. Merci de ton conseil. Et si je t'invite ce soir, seras-tu libre?

Anne : Désolée. Je viendrais si je pouvais. Ce soir, je suis prise. Une autre fois! Je te souhaite un futur brillant et heureux!

Thomas : Pour toi aussi. A bientôt.

Expressions

Marc voudrait acheter un nouveau dictionnaire.
Qu'est-ce que tu aimerais pour ton anniversaire?
Quel métier voudrais-tu faire?
Dans quel pays aimeriez-vous vivre?
Je souhaiterais vous rencontrer rapidement.
Elle désirerait acheter cet appartement. Est-ce possible?
Vous pourriez m'aider à transporter ce paquet?

Le message

La porte que quelqu'un a ouverte
La porte que quelqu'un a refermée
La chaise où quelqu'un s'est assis
Le chat que quelqu'un a caressé
Le fruit que quelqu'un a mordu
La lettre que quelqu'un a lue
La chaise que quelqu'un a renversée
La porte que quelqu'un a ouverte
La route où quelqu'un court encore
Le bois que quelqu'un traverse
La rivière où quelqu'un se jette
L'hôpital où quelqu'un est mort

\- Jacques Prévert, *Paroles*

Grammaire

La condition : La condition s'exprime par la conjonction ***Si***

La concordance des temps

Si + présent de l'indicatif, futur de l'indicatif.

➜ Si vous arrivez le premier, vous m'attendrez. / Attendez-moi.

Si + imparfait de l'indicatif, conditionnel présent

➜ Si nous avions de l'argent, nous partirions en voyage.

Le conditionnel

Le verbe Avoir			
J'	aurais	Nous	aurions
Tu	aurais	Vous	auriez
Il/Elle	aurait	Ils/Elles	auraient

Le verbe Etre			
Je	serais	Nous	serions
Tu	serais	Vous	seriez
Il/Elle	serait	Ils/Elles	seraient

➜ Si je pouvais terminer mon travail ce soir,
j'irais au cinéma avec toi, mais est-ce possible?
➜ S'il faisait beau aujourd'hui, nous irions à la mer.

Si + plus-gue-parfait, conditionnel au passé

➜ Si j'avais eu beaucoup d'argent, je serais parti en France.
➜ S'il m'avait déclaré son amour pour moi, je ne l'aurais pas quitté.

Exercices

1 *Complétez*

1. Si tu m'écoutais, tu (comprendre) tout.
2. Si vous partez maintenant, vous (être) à l'heure.
3. Si j'étais riche, je (acheter) une maison, une voiture . . .
4. Si vous vous perdez, vous (demander) le chemin.
5. Pour organiser une fête, il (falloir) prévenir tout le monde.
6. Vous (devoir) apporter un gâteau avec des bougies et des feux d'artifice, etc.
8. Je (pouvoir) jouer du piano et chanter.
9. Qui (vouloir) nous filmer pendant le spectacle ?

2 *Faites des phrases comme dans l'exemple.*

ex. Il ne fait pas beau. Je ne sors pas.
➜ S'il faisait beau, je sortirais.

1. Il pleut. Je ne peux pas me promener.
➜

2. Je n'ai pas de voiture. Je ne pars pas en voyage.
➜

3. Tu n'es pas près de moi. Je ne peux pas t'embrasser.
➜

4. Ce n'est pas le dimanche. Nous travaillons.
➜

5. Nous n'avons pas eu d'argent. Nous n'avons pas pris le train.
➜

6. Il n'a pas fait beau hier. Nous ne sommes pas sortis.
➜

Quelle heure est-il?

(1) Il est sept heures et demie.

(2) Il est neuf heures.

(3) Il est dix heures moins le quart.

(4) Il est dix heures et demie.

(5) Il est midi.

(6) Il est deux heures et quart.

(7) Il est quatre heures

(8) Il est six heures moins le quart

(9) Il est six heures et quart.

(10) Il est sept heures.

(11) Il est huit heures et quart.

(12) Il est minuit.

Leçon 14

Dialogue

Pierre : Qu'est-ce qu'on fait aujourd'hui?

Marie : On va visiter Paris, il faut partir de bonne heure. Il y a beaucoup de monuments à visiter.

Pierre : Par où allons-nous?

Marie : D'abord, Nous commençons par Notre-Dame, cathédrale de Paris. Nous descendons du métro à la station l'île de la Cité.

Pierre : Qu'est ce que c'est? Là-bas, le grand bâtiment le long de la Seine dont les eaux brillent au soleil?

Marie : C'est le fameux musée national du Louvre où il y a la Pyramide de style moderne. On peut admirer les monuments historiques, les objets d'art, et les tableaux.

Pierre : Comment ce jardin s'appelle-t-il?

Marie : Il s'appelle le jardin des Tuileries. On le traverse pour arriver à la place de la Concorde.

Pierre : Dis donc, il y a des statues de déesses dans chaque coin.

Marie : Maintenant, nous continuons, à pied, jusqu'à l'avenue des Champs-Elysées.

Pierre : Voici, l'Arc de Triomphe, en face de nous! C'est Napoléon Bonaparte qui l'a fait construire en 1806.

Marie : C'est magnifique, n'est-ce pas!

Expressions

Nous prenons le bus numéro 21 pour visiter une des universités de Paris, dite la Sorbonne, qui se trouve sur le Boulevard Saint-Michel.
Nous visitons la Sorbonne où l'on trouve la statue de Pasteur à droite et celle de Victor Hugo à gauche en entrant dans la cour.
Au fond de cette cour il y a une chapelle qui nous apprend que cette université était au début l'école de théologie.
Le soir, nous nous promenons dans le quartier latin tout près de la Sorbonne.

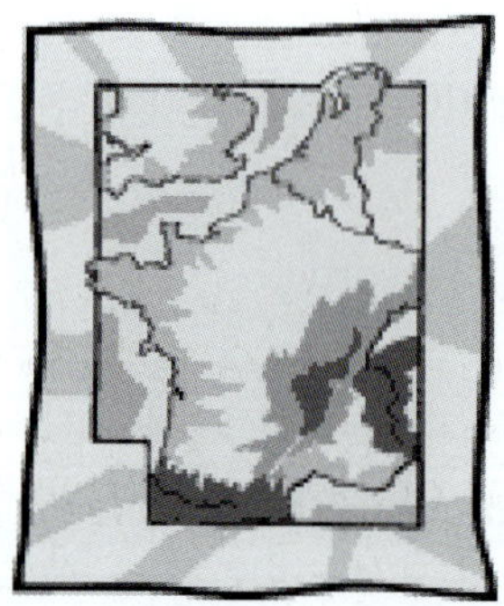

Grammaire

Le pronom relatif : qui, que, dont, où.

♥ *Qui* est sujet.

- Apportez ici la chaise qui est près de la fenêtre.
- Il y a dans ce cahier plusieurs pages qui sont illisibles.

♥ *Que (ou Qu')* est un pronom relatif lorsqu'il a un antécédent (nom ou pronom)

- *Que est* alors complément d'objet direct du verbe qui le suit.
- Les enfants **que** tu vois sont ceux des Dupont.

♥ Lorsqu'il n'a pas d'antécédent, '*Que*' est une conjonction de subordination.

- Il trouve **que** son fils exagère.
- Elle comprend **qu**'on parle d'elle.

★☆ *Mais attention ! Ne pas confondre CE QUI et CE QU'IL*

Je préfère ce qui est original.   J'écoute ce qu'il dit.

♥ *Dont* remplace un complément introduit par *de*, complément du verbe, complément de l'adjectif, complément du nom.

- Tu devrais lire ce roman dont l'auteur a reçu le prix Goncourt.

- C'est un chanteur très célèbre dont tout le monde connaît les chansons.

- J'ai écouté avec plaisir ce pianiste dont on m'avait beaucoup parlé.

- Je viens d'acheter un portable dont je suis très satisfait.

♥ *Où :* complement de lieu, de temps ou interrogation sur le lieu.

- C'était l'automne où nous nous sommes rencontrés

- Ce sont les moments d'ivresse où l'amour nous transporte le bonheur.

- Où allez-vous?
  Nous allons au quartier de l'Opéra pour faire des courses.

- D'où êtes - vous venus?
  Nous sommes venus de Corée.
  Nous sommes venus du quartier latin.

Exercices

1 *Reliez ces deux phrases par un pronom relatif*

1. Il cherche la rue de Choung-pa.
   Il ne connaît pas cette rue.
   ➜
2. Nous entrons dans une pâtisserie parisienne.
   Nous y trouvons beaucoup de bons gâteaux.
   ➜

2 *Employez le pronom relatif "qui", "que", "dont", "où"*

1. C'est le jour même (　　) nous y sommes allés.
2. Trouvez six choses différentes (　　) l'on peut faire à la poste.
3. Voilà les animaux (　　) les chasseurs ont tués.
4. C'est le garçon (　　) je t'ai parlé.
5. C'est toi (　　) as le guide de Paris?
6. Prends l'enveloppe (　　) est sur la table.
7. Voilà un arbre (　　) les fruits seront bientôt mûrs.
8. Je vais vous montrer une villa (　　) vous plaira.
9. Il va voir une entreprise (　　) ses amis lui ont conseillée.
10. C'est Madame Tellier (　　) dirige l'agence.
11. Ecrivez quelque chose d'intéressant (　　) fera plaisir à vos lecteurs.

3 *Mettez les pronoms relatifs*

1. Cette femme ( ) je parle est une Française.
2. C'est la Tour Eiffel ( ) nous cherchons.
3. C'est moi ( ) paye.
4. Vous connaissez Paris ( ) nous allons visiter ?
5. Jacques a acheté une télévision ( ) il va offrir à sa mère.
6. Il a décoré le sapin de Noël au salon ( ) il y avait déjà beaucoup de cadeaux.
7. Nous nous promenons dans la forêt magnifique ( ) les cigales cachées chantent continuellement.
8. Les enfants sont allés voir les animaux au zoo ( ) les lions, les tigres flânent.
9. Nous entrons dans le jardin des Tuileries ( ) le petit arc de triomphe brille au soleil couchant.
10. Il y a plusieurs sortes de bateaux qui passent sur la Seine ( ) la couleur est terne et sombre.

La télé-communication

Téléphone fixe, téléphone portable, internet...

C'est entre 1975 et 1980 qu'on installe le téléphone partout. Aujourd'hui, presque 100% des Français ont le téléphone à la maison. Les numéros de téléphone ont toujours dix chiffres. Les deux premiers chiffres indiquent la région.

01 : Paris et la région parisienne,
02 : l'Ouest
03 : l'Est
04 : le Sud-Est
05 : le Sud-Ouest

Attention : si vous appelez à partir d'un autre pays, pas de 0! Par exemple, si vous voulez appeler un numéro à Paris, faites le 00-33-1-. ... ... ;
à Marseille, le 00-33-4-. ... ...

Et le portable? Aujourd'hui, il y a presque cinquante millions de portables en France pour soixante millions d'habitants. Les numéros des portable commencent par 06 ou 07.

Et internet? Aujourd'hui, se connecter à internet est très courant, surtout chez les jeunes : par exemple, presque tous les étudiants ont une adresse internet.

Leçon 15

Dialogue

Vanessa	:	Allô? Louis-Marie? C'est Vanessa à l'appareil.
Louis-Marie	:	Ah oui. Bonjour Vanessa! Tu vas bien?
Vanessa	:	Oui très bien, merci! Alors, on se voit à quelle heure?
Louis-Marie	:	Comment ça, on se voit? On avait un rendez-vous?
Vanessa	:	Mais, c'est l'anniversaire de Thomas.
Louis-Marie	:	Lequel? Thomas Gautier ou Thomas Olivier?
Vanessa	:	Mais dis-donc, toi! Tu exagères! Tu oublies tout! C'est l'anniversaire de Thomas Gautier!
Louis-Marie	:	Ah oui, c'est vrai! Zut! J'avais oublié celui-là.
Vanessa	:	Alors, tu es libre ou quoi?
Louis-Marie	:	C'est bon! Je peux me libérer. On se voit à 7 heures devant la boulangerie?
Vanessa	:	Laquelle? C'est celle qui se trouve près de chez lui?
Louis-Marie	:	Bien sûr!
Vanessa	:	Alors, à tout à l'heure!
Louis-Marie	:	Oui, à tout à l'heure!

Expressions

Sophie a une pomme.
Elle a mordu dans cette pomme.
Sophie a une pomme dans laquelle elle a mordu.

C'est la porte.
Philippe s'est précipité vers cette porte.
C'est la porte vers laquelle Philippe s'est précipité.

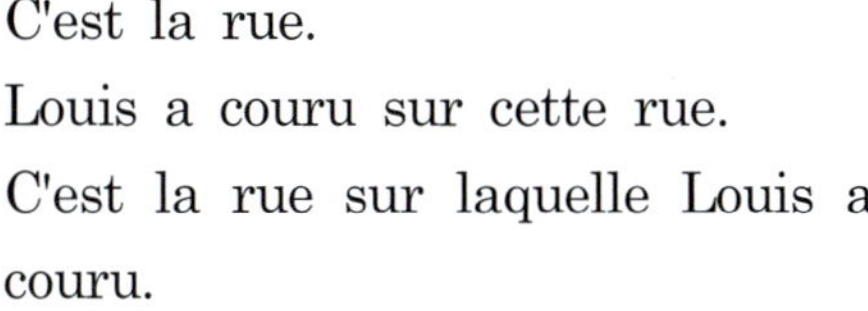

C'est la rue.
Louis a couru sur cette rue.
C'est la rue sur laquelle Louis a couru.

Grammaire

Les pronoms relatifs variables (composés)

Comme sujet et objet direct

m.s.	f.s.	m.pl.	f.pl.
lequel	laquelle	lesquels	lesquelles

Avec préposition

à	auquel	à laquelle	auxquels	auxquelles
de	duquel	de laquelle	desquels	desquelles
par	par lequel	par laquelle	par lesquels	par lesquelles

Nous avons des photos de Paris.
On voit les monuments et nos amis français.

➜ Nous avons des photos de Paris sur lesquelles on voit les monuments et nos amis.

J'ai mangé des gâteaux.
Il y a beaucoup de crème dans ces gâteaux.

➜ J'ai mangé des gâteaux dans lesquels il y a beaucoup de crème.

Exercices

Remplissez par des pronoms relatifs composés.

1. C'est une maison dans ( ) il y a beaucoup de souvenirs.
2. J'ai des amis parmi ( ) qui travaille à la banque.
3. Les gens avec ( ) j'ai voyagé.
4. - Cette montre est à toi?
   - ( ) ?
5. - Ces chaussettes sont à ton mari?
   - ( ) ?
6. C'est une soirée pendant ( ) ils se sont ennuyés.
7. Est - ce que tu sais la raison pour ( ) elle a giflé?
8. Je ne me souviens pas du tout l'emplacement du parking dans ( ) j'ai stationné ma voiture.
9. Ne perds pas ces clefs sans ( ) tu ne pourras pas entrer dans cette maison.
10. Ce sont des amis à côté de ( ) je me sens si bien.
11. La jeune femme à ( ) j'ai parlé est ma cousine.
12. Le président pour ( ) j'ai voté est élu.
13. Elle vit dans un quartier près de ( ) il y a beaucoup de momuments historiques.

Les animaux et les plantes

Les animaux

le chien

le boeuf

le coq

le cheval

l'éléphant

le tigre

le hippopotame

le mouton

le cochon

Les plantes

le lis(lys)

la rose

le tournesol

la tulipe

le narcisse

la marguerite

le magnolia

le lilas

l'azalée

Leçon 16

Dialogue

Isabelle : Ah non! Ce n'est pas vrai! C'est ma veste.

Marie : Oui. Je sais bien que c'est la tienne. Mais tu peux me la prêter une fois.

Isabelle : Tu plaisantes! Moi-même, je n'ai pas encore mis cette veste. Et puis, tu as la tienne.

Marie : Oui, mais finalement, je préfère la tienne.

Isabelle : Tu exagères. Je t'ai dit que cela ne t'allait pas.

Marie : Ecoute! s'il te plaît! Si tu me la prêtes, je te prêterai la mienne.

Isabelle : C'est hors de question. La tienne ne m'intéresse pas.

Marie : Allez! Sois gentille avec moi!

Isabelle : Quand même! Ce n'est pas de ma faute si la tienne ne te plaît pas. Tu portes ta veste, je porte la mienne. Un point, c'est tout!

Marie : Oh la la! D'accord. La prochaine fois, tu ne me demanderas rien du tout!

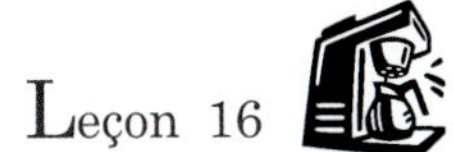

Expressions

Jean-François a une maison de vacances à Nice. Elle a une superbe vue avec la piscine. La mienne est plus sobre.

Notre collection de costume est très riche alors que la leur est assez pauvre.

Sandrine a un très joli chien. Moi aussi, j'en ai un. Le sien est petit, le mien est gros.

Grammaire

Les pronoms possessifs

Forme		m.sg.	f.sg.
un possesseur	1	le mien	la mienne
	2	le tien	la tienne
	3	le sien	la sienne
plusieurs possesseurs	1	le nôtre	la nôtre
	2	le vôtre	la vôtre
	3	le leur	la leur

Forme		m.pl.	f.pl.
un possesseur	1	les miens	les miennes
	2	les tiens	les tiennes
	3	les siens	les siennes
plusieurs possesseurs	1	les nôtres	
	2	les vôtres	
	3	les leurs	

C'est mon téléphone. C'est le mien.
C'est ton biscuit. C'est le tien.
C'est son sac. C'est le sien.
Sa jupe est bleue. La mienne est noire.
Tes amis sont supers! Les miens sont moins sympatiques.
Mes cheveux ne sont pas brillants. Mais les vôtres le sont.
Vos parents sont souvents absents. Les nôtres ne quittent pas la maison.

Exercices

Complétez les parenthèses

1. Toi, tu as ta vie, et moi, j'ai (   ).
2. Vous connaissez mon pays, mais je ne connais pas (   ).
3. Ce sont mes affaires; ce sont (   ).
4. C'est mon professeur; c'est (   ).
5. Ma place est ici, mais où est (   ).
6. Je fais mon travail et vous faites (   ).
7. Je n'ai pas de parapluie, mais tu as (   ).
8. Je te présente mes enfants, mais où sont (   ).
9. J'aime ma jupe, mais elle aime (   ).
10. Nous sommes avec nos étudiants, eux, ils sont avec (   ).

La restauration en France

le café : Dans un café, le client déguste son croissant ou un sandwich au comptoir, assis à une table dans la salle ou en terrasse.

le fast food : La France compte 430 restaurants McDonald's.

le restaurant : Le restaurant offre, en général, deux formules : le menu à la carte ou le menu à prix fixe.

la brasserie : Dans une brasserie, le client peut manger un plat, boire une bière ou commander un plateau de fruits de mer.

le stand de crêpes : Le service est rapide, le client assiste à la préparation des crêpes, et surtout c'est bon et ce n'est vraiment pas cher.

Leçon 17

Dialogue

Paul	:	Ça sent bon! On mange ici?
Hélène	:	D'accord.
La serveuse	:	Vous êtes combien?
Paul	:	On est deux.
La serveuse	:	Y a deux tables libres là-bas, juste à côté de la fenêtre. Alors, je vous y conduis.
Hélène	:	Celle-ci ou celle-là?
La serveuse	:	Vous choisissez entre les deux.
Hélène	:	Je voudrais celle-ci un peu loin des toilettes.
Paul	:	Mais regarde cette femme-là, celle qui fume juste derrière la place. C'est mon prof de français. Elle est folle. Elle nous demande toujours de recopyer cent fois les mêmes phrases.
Hélène	:	Mais on n'a pas le choix. Manger près des toilettes, j'ai horreur de ça. Alors, tu l'aimes bien, j'imagine.
Paul	:	Tu parles!
La serveuse	:	Vous avez un petit problème?
Paul	:	Non, non, ça y est. Celle-ci me plaît.

Expressions

Ça me va, cette cravate?
Ah, **c**'est beau, l'amour.
Ceci coûte plus cher que **cela.**

Cet anneau d'or est **celui** dont je t'ai parlé.
Ceux qui ont terminé le travail peuvent y aller.
Je préfère celle qui a bon caractère à celle qui est belle.

Voici deux tableaux, préférez-vous **celui-ci** ou **celui-là**?
Sabine et Jeanne sont de nature bien différente : **Celle-ci** pleure toujours, **celle-là** rit sans cesse.

Grammaire

les pronoms démonstratifs

			m.	f.	neutre
Formes simples	s.		celui	celle	ce
	pl.		ceux	celles	
Formes composées	Démonstratifs prochains	s.	celui-ci	celle-ci	ceci
		pl.	ceux-ci	celles-ci	
	Démonstratifs lointains	s.	celui-là	celle-là	cela, ça
		pl.	ceux-là	celles-là	

Ils s'emploient comme "voici" et "voilà" pour distinguer entre deux choses.

- **ci** = très proche
- **là** = plus éloigné

♠ ex. **Celui** que j'aime ne m'aime pas!
De toutes ces fleurs, c'est **celle-là** que je préfère.
Cet homme-ci est maigre ; **celui-là** est gras.
La robe de ma mère est rouge et **celle** de ma petite soeur est rose.

Exercices

Complétez les phrases en employant le pronom démonstratif.

1. As-tu visité les châteaux de la Loire? Oui, mais seulement (   ) de Chenonceau.
2. Cette actrice-là est trop jeune. Nous allons engager (   ) qui a le plus d'expérience.
3. Je préfère cette voiture-ci à (   )
4. Voilà les romans que j'adore : (   ) sont de Diderot et (   ) de Roussseau.
5. Ne t'énerve pas. (   ) ne sert à rien!
6. Ce matin, j'ai rencontré Paul et Paule dans le métro ; (   ) était fatiguée, mais (   ) ne l'était pas.
7. C'est bien cet ordinateur que vous voulez? - Oui, c'est (   ).
8. Mon professeur d'anglais est (   ) qui a des lunettes.
9. Tu vas suivre les conseils de maman? - Surtout pas! (   ) de papa sont plus sûrs.
10. Cet oiseau-ci est un hibou, (   ) est une chouette.

Les signes du zodiaque (1)

CAPRICORNE (21. déc. - 21. jan.)
persévérant, a un jugement rapide et juste, prévoyant, patient, réfléchi, aime sa famille, fidèle en amour

VERSEAU (21. jan. - 19. fév.)
sens de l'amitié, excentrique, original ou révolté, aime la nouveauté, actif, indépendant, très doux, accueillant

POISSON (20. fév. - 20. mars)
impressionable, sensible, mystérieux, a beaucoup de charme, intelligent, très intuitif, sentimental, vulné rable

BELIER (21. mars - 20. avril)
impulsif, forte personnalité, chanceux, spontané, impatient, coléreux, a horreur des détails, passionné, enjoué

TAUREAU (21. avril - 20. mai)
loyal, courageux, affectueux, honnête, replié sur lui-même, s'intéresse à tout, sensualité prenante, forte et douce

GEMEAUX (21. mai - 21. juin)
vif, capricieux, amusant, bavard, intelligent, aventureux, optimiste, curieux, s'intéresse à tout, aime le plaisir

Les signes du zodiaque (2)

CANCER (22. juin - 22. juillet)
sensible, grande imagination, inquiet, instinctif, vulnérable, émotif, rêveur, vit avec son passé, romantique

LION (23. juillet - 23. août)
dynamique, très actif, impulsif, sens du commandement, dévoué en amour, fidèle et romantique, fier, autoritaire

VIERGE (24. août - 23. sept.)
tempérament inquiet, sincère et honnête, perfectionniste, méfiant, studieux, laborieux, réservé

BALANCE (24. sept. - 23. oct.)
aimable, douée, conciliante, sensible, indécise, sociable, a horreur de vivre seule, de compagnie agréable

SCORPION (24. oct. - 21. nov.)
animé d'une extraordinaire énergie, tenace, persévérant, il est secret, tourmenté, impulsif, rebelle, révolté, entier

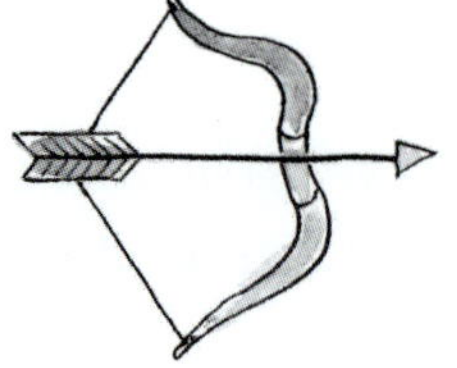

SAGITTAIRE (22. nov. - 20. déc.)
aime l'aventure, dynamique, loyal, optimiste, bon vivant, grande richesse intérieure, généreux, humain, sportif

Leçon 18

Dialogue

Mme Vincent : Oh là là, tu travailles en écoutant la musique!

Pierre : Maman, j'en ai assez. Laisse-moi tranquille. En fait, la musique m'aide à bien travailler.

Mme Vincent : Continue comme ça et tu rates ton baccalauréat cette année, j'en suis sûr.

Pierre : Ah! je ne sais pas du tout si tu es ma vraie maman tout en m'accablant ainsi. Je sors.

Mme Vincent : Où vas-tu?

Pierre : J'ai besoin de détente, ce qui me redonnera l'envie de bien travailler.

Mme Vincent : Tu t'es suffisamment détendu. Vas-tu te promener? Il fait une chaleur suffocante. C'est trop fatigant de se promener sous la chaleur.

Pierre : Ne t'inquiète pas! Je n'y suis pas sensible. Mais si tu m'interdis de me promener sous la chaleur, je prends la voiture.

Mme Vincent : Très bien, mais fais attention. Tu es jeune conducteur inexpérimenté. En roulant trop vite, tu peux provoquer un accident.

Pierre : Ah! Tu es vraiment la championne du souci!

Expressions

Pourquoi as-tu raccroché immédiatement l'appareil?
J'écoutais le professeur expliquant la leçon quand tu m'a téléphoné.

Marie est-elle hospitalisée?
Oui, elle a été renversée par un taxi en traversant le passage pour piétons.
(Cf., Marie a été renversée par une voiture traversant le trottoir).

Tu as vu Jeanne ces jours-ci?
Oui, je l'ai croisée ce matin en allant chez toi.

Je vais passer par la route Olympique.
En passant par là, vous n'arriverez pas à l'heure.

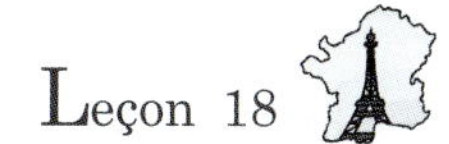

Grammaire

Le participe présent et le gérondif

- **Le participe présent : radical de "nous" au présent + ant**

(nous) parlons : parlant
(nous) finissons : finissant
(nous) partir : partant

Exceptions
être : étant
avoir : ayant
savoir : sachant
....

Voilà une question intéressant professeurs et étudiants.
Il travaille seul, ne communiquant avec personne...

- **Participes présents et Adjectifs verbaux**

Participes présents	Adjectifs verbaux	Participes présents	Adjectifs verbaux
communiquant	communicant	extravaguant	extravagant
convainquant	convaincant	fatiguant	fatigant
provoquant	provocant	intriguant	intrigant
suffoquant	suffocant	naviguant	navigant
adhérant	adhérent	excellant	excellent
coïncidant	coïncident	expédiant	expédient
convergeant	convergent	influant	influent
différant	différent	négligeant	négligent
divergeant	divergent	précédant	précédent

Marie mène une vie très fatigante.
(*Cf.*, Ce spectacle fatiguant des spectateurs est quand même bien organisé)

- **Le gérondif : en + le participe présent**

Paul a lu le journal et a appris la nouvelle.
➔ Paul a appris la nouvelle en lisant le journal.

Parce qu'elle était malade, elle n'a pas pu participer à l'excursion.
➔ Étant malade, elle n'a pas pu participer à l'excursion.

Si tu prends le métro, tu peux arriver à l'heure.
➔ En prenant le métro, tu peux arriver à l'heure.

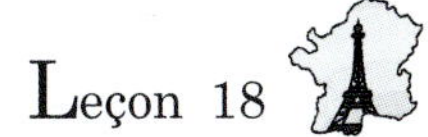

Exercices

1 *Complétez avec les participes présents.*

1. Les enfants ___________ tous les jours dans le monde sont nombreux. (naître)
2. Philippe se promenait, _________ du matin au soir. (chanter)
3. J'ai vu mon amour ___________ la conversation à une très belle fille. (faire)

2 *Récirvez les phrases en utilisant le gérondif.*

1. J'ai vu le livre lorsque je passais devant la vitrine.
2. C'est interdit de parler quand on mange ici.
3. Il lit son journal et il fume une cigarette.
4. Elle téléphone et conduit sa voiture.
5. Chaque fois que tu te baignes, tu bois de la bière.
6. Roule doucement "dans la descente", il y a souvent des animaux qui traversent.
7. Quand je prends ma douche, je pense à ce que je vais faire pendant la journée.

La francophonie

La francophonie : environ 150 millions de francophonie répartis dans une ciquantaine de pays, sur les 5 continents.

Qu'est-ce qu'un francophone?

C'est quel'un :

- qui parle le français, langue maternelle ou nationale ou officielle
- qui est né dans un pays qui utilise le français
- qui partage des valeurs communes (solidarité, démocratie)
- qui participe à une communauté organisée (coopération)

La francophonie est difficile à définir. C'est une volonté politique. La réalité linguistique est complexe (les Québécois se battent pour protéger leur langue : le français ; beaucoup d'Africains francophons se battent pour faire vivre leur langue maternelle à côté du français).

Les anciennes colonies françaises sont des pays indépendants aujourd'hui mais la France a des liens historiques, culturels et économiques avec eux et a des devoirs envers eux. Il y a des programmes de coopération dt d'aide spéciale comme MSF (Médecins sans frontières).

56 États et gouvernements	
Albanie	Grèce
Andorre	Guinée
Arménie	Guinée Bissau
Belgique	Guinée équatoriale
Bénin	Haïti
Bulgarie	Liban
Burkina Faso	Laos
Burundi	Luxembourg
Cambodge	Madagascar
Cameroun	Mali
Canada	Maroc
Canada Nouveau-Brunswick	Maurice
Canada Québec	Mauritanie
Cap-Vert	Moldavie
Centrafrique	Monaco
Chypre	Niger
Communauté française de Belgique	Roumanie
Comores	Rwanda
Congo	Sainte-Lucie
Congo RD	Sao Tomé et Principe
Côte d'Ivoire	Sénégal
Djibouti	Seychelles
Dominique	Suisse
Egypte	Tchad
Ex-République yougoslave de Macédoine	Togo
France	Tunisie
Gabon	Vanuatu
Ghana	Vietnam
14 observateurs	
Autriche	Pologne
Croatie	République Tchèque
Géorgie	Serbie
Hongrie	Slovaquie
Lettonie	Slovénie
Lituanie	Thaïlande
Mozambique	Ukraine

Leçon 19

Dialogue

Nathalie : Allô, c'est moi, Sébastien.

Sébastien : Je suis en train d'écouter le professeur.
Il faut que je raccroche le téléphone.

Nathalie : Attends, tu n'es pas gentil. Je suis ton amour.
Tu peux me parler de n'importe quoi.

Sébastien : Je suis très content que tu m'appelles, mais je souhaite que tu me comprennes. Je ne peux plus parler avec toi.

Professeur : Qu'est-ce que vous faites, monsieur?
C'est un téléphone urgent

Sébastien : Non, monsieur, c'est ma copine. Je vous demande pardon.

Professeur : Ah, c'est votre copine, très très bien.
Oui je vous pardonne à condition que vous lui raccrochiez.

Nathalie : Allô, allô, qu'est-ce qu'il y a Sébastien?

Sébastien : Je te rappelle, d'accord?

Nathalie : Je ne raccrocherai pas sans que tu me dises pourquoi

Sébastien : Je suis en cours, je te l'ai dit.

Professeur : C'est l'heure. Je m'arr̂ete là. Vous avez de la chance, monsieur. Quel amour!

Sébastien : Merci, monsieur le professeur.
Nathalie, enfin, le cours est fini. On peut se parler.

Nathalie : Allô, allô, oh, mince, ma batterie de portable est morte!

Expressions

La météo annonce de la neige pour les jours prochains. Il se peut que j'aille passer quelques jours dans une station de ski, alors, il faut absolument que je sorte mes vêtements de ski de ma commode, que je les trie, que j'essaie ma combinaison, mon anorak et ma salopette. Je crains qu'il ne me faille en changer. En tout cas, il est possible que je m'achète un nouveau casque.
Il faut d'abord que je réfléchisse à mon transport. Que je parte en avion ou en train, il faut que je me rende dans une agence pour acheter un billet pour le trajet. Il faut ensuite que j'écrive à l'Office de Tourisme et que je réserve une chambre. Il faudra que je leur dise que je souhaite qu'elle ait une exposition plein sud pour que je puisse m'installer sur le balcon au soleil et que je sois bronzée à mon retour. En effet, il est important pour moi que mes amis sachent que je suis allée en vacances.

En arrivant, il faudra que je loue des skis et des bâtons, que je souscrive une assurance et que je paie un forfait pour les remontés mécaniques. Après quelques tentatives infructueuses et plusieurs chutes, il sera nécessaire que je prenne des cours de ski avec un moniteur. Il faudra bien sûr que je fasse des efforts et que cela en vaille la peine, par exemple que j'obtienne des étoiles et que je devienne un véritable champion ...

Qu'il fasse beau ou qu'il pleuve, je passerai un séjour agréable. Pour cela, il suffit que je le veuille vraiment ![1]

1) http : //www.bonjourdefrance.com/n11/a61.htm

Grammaire

Le présent du subjonctif

1. Subjonctif présent des verbes en "er" (1er groupe)

	Il faut :
indicatif présent	
Ils parlent	que je parl**e** que tu parl**es** qu'il parl**e** que nous parli**ons** que vous parli**ez** qu'ils parl**ent**

2. Subjonctif présent des verbes en "ir" (2e groupe)

Il faut :			
que je	finiss**e**	que nous	finiss**ions**
que tu	finiss**es**	que vous	finiss**iez**
qu'il	finiss**e**	qu'ils	finiss**ent**

3. Subjonctif présent des verbes du 3e groupe :

DORMIR		ENTENDRE		DIRE		CONNAITRE	
que je	dorm**e**	que j'	entend**e**	que je	dis**e**	que je	connaiss**e**
que tu	dorm**es**	que tu	entend**es**	que tu	dis**es**	que tu	connaiss**es**
qu'il	dorm**e**	qu'il	entend**e**	qu'il	dis**e**	qu'il	connaiss**e**
que nous	dormi**ons**	que nous	entendi**ons**	que nous	disi**ons**	que nous	connaissi**ons**
que vous	dormi**ez**	que vous	entendi**ez**	que vous	disi**ez**	que vous	connaissi**ez**
qu'ils	dorm**ent**	qu'ils	entend**ent**	qu'ils	dis**ent**	qu'ils	connaiss**ent**

- *Ne suivent pas la règle générale de formation :*

ETRE		AVOIR		ALLER		FAIRE	
que je	**sois**	que j'	**aie**	que j'	**aille**	que je	**fasse**
que tu	**sois**	que tu	**aies**	que tu	**ailles**	que tu	**fasses**
qu'il	**soit**	qu'il	**ait**	qu'il	**aille**	qu'il	**fasse**
que nous	**soyons**	que nous	**ayons**	que nous	**allions**	que nous	**fassions**
que vous	**soyez**	que vous	**ayez**	que vous	**alliez**	que vous	**fassiez**
qu'ils	**soient**	qu'ils	**aient**	qu'ils	**aillent**	qu'ils	**fassent**

1) Le subjonctif s'emploie après les verbes qui expriment :

- **le souhait et la volonté** ;

Je veux que vous m'*écoutiez.*

Je souhaite que vous *veniez* chez moi. *cf.* J'espère que vous viendrez chez moi.

- **le sentiment**

Je crains qu'il ne *pleuve.*

J'ai peur qu'il ne me *punisse.*

Je suis très heureux que tout le monde *soit* là.

- **le doute**

Je ne crois pas que vous *écoutiez* le professeur.

Croyez-vous que la vie *soit* belle? *cf.* Je crois que la vie est belle.

- **l'ordre, la nécessité, l'exigence, la demande**

Il faut qu'on *obéisse* à la loi.

Mon père exige que tout *soit* à sa place.

Il est utile que vous *passiez* votre permis de conduire

2) Il s'emploie aussi après **avant que, pour que, bien que, à condition que, à moins que, pour peu que, à supposer que, pourvu que...**

Partons **avant qu**'il ne *soit* trop tard.
Nous t'écrirons souvent **pour que** tu ne *te sentes* pas trop seul.
Mon amie est venue me voir **bien qu**'elle *soit* très occupée.
Je te prêterai volontiers ce livre, **à condition que** tu me le *rendes* après les vacances.

3) Lorsque l'antécédent est accompagné d'un superlatif ou de le seul. l'unique, le premier, le dernier.

C'est l'unique résolution qu'on *puisse* prendre.
Cette femme est la plus intelligente que je *connaisse.*
Je n'ai jamais vu une fille qui *soit* si belle.
Il n'y a personne qui *sache* résoudre ce problème aussi bien que vous.

4) Il se trouve le plus souvent dans des propositions *subordonnées*, mais il s'emploie aussi dans des propositions *indépendantes* ou *principales.*

Qu'on ne me réplique pas!
Que personne ne sorte!
Que la lumière soit!
Qu'il finisse le travail!
Vive la France!
Que le meilleur gagne!
Ainsi soit-il!
Dieu soit loué!
Soit le triangle

Exercices

Conjuguez les verbes entre parenthèses au subjonctif présent.

1. Les parents de la victime regrettent que les journalistes (écrire) des articles sur les circonstances de sa mort.
2. L'inspecteur voudrait que la famille (se réunir) pour répondre à ses questions.
3. Les enquêteurs disent qu'il est possible que le meurtrier (être) une femme.
4. Avant que la police (pouvoir) arrêter le coupable, il faudra interroger tous les suspects.
5. En admettant que Roger Duflair (savoir) où se trouvent les chaussures de la victime, il devra trouver pourquoi le criminel les a enlevées du corps.
6. Bernadette Dejeu s'est mariée sans que ses parents (connaître) l'identité de son mari.
7. Bien que la mère de Bernadette (vouloir) cacher la vérité à ses petits-enfants, son fils Marc et sa fille Margot ne sont pas du même avis.
8. La famille suivra l'enquête jusqu'à ce que l'inspecteur (faire) toute la lumière sur les circonstances du drame.
9. Les parents ont téléphoné au frère et à la sœur de Bernadette pour qu'ils (venir) en France le plus rapidement possible.
10. La police souhaite que les témoins ou les amis de Bernadette (aller) spontanément se présenter au commissariat pour donner des informations.

Les vins français

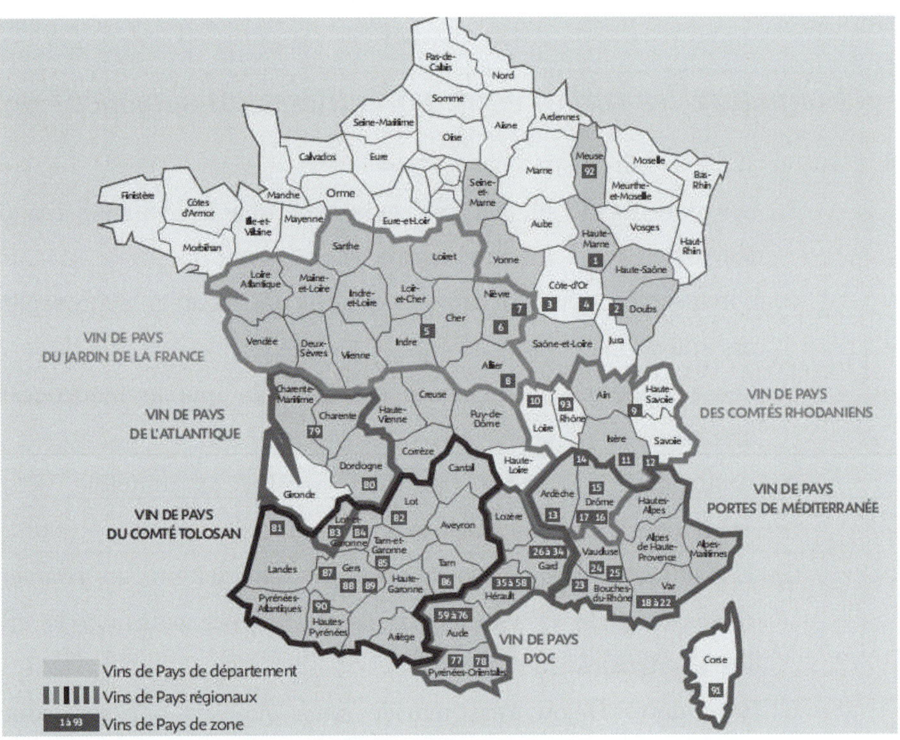

* A. O. C.(Appellation d'Origine Contrôlée)

Les AOC sont des vins caractérisés par une délimitation parcellaire (notion de terroir). Ces vins satisfont aux conditions de productions déterminées par l'INAO et officialisées par décrets de production. Fondées sur le respect des "usages locaux, loyaux et constants", les AOC proviennent des terroirs les plus prestigieux. Leurs règles de production, plus strictes que celles des VDQS, portent sur les critères suivants : aire de production délimitée, rendement limité maximum, encépagement, degré alcoolique minimal, techniques culturales, critères analytiques et parfois même, conditions de vieillissement.
Tous les vins prétendant à l'Appellation d'Origine Contrôlée sont soumis à un examen analytique et organoleptique. Ils sont officiellement agréés par l'INAO.
En France, on dénombre plus de 400 vins d'appellations.

* les vins de pays

Ce sont des vins de table personnalisés par une provenance géographique (notion territoriale). Un vin de pays doit provenir exclusivement de la zone de production dont il porte le nom. Il répond à des conditions strictes de production fixées par décret, telles que rendement maximum, degré alcoolique minimum, encépagement et normes analytiques strictes.

Il existe en France environ 150 vins répartis en trois catégories :
les vins de pays à dénomination départementale
les vins de pays à dénomination de zone
les vins de pays à dénomination régionale
Ces vins sont soumis à une procédure d'agrément spécifique associant contrôle analytique et organoleptique

Ils sont officiellement agréés par VINIFLHOR (Office National Interprofessionnel des Vins).

* les vins de tables

Ces vins ont droit à la dénomination "vin de table français" s'ils sont d'origine exclusivement française (vin issu d'une même région ou de vins de régions différentes). S'ils se composent d'un assemblage de vins issus de différents pays de l'Union Européenne, ces vins porteront la dénomination "mélange de vins de différents pays de la Communauté européenne".

Les coupages avec des vins provenant de pays extérieurs à l'Union Européenne sont interdits. Ces vins ne font pas l'objet de critères qualitatifs particuliers, ni d'un agrément spécifique ; cependant, ils doivent répondre à des conditions de production minimales fixées par la réglementation européenne.

Ils sont généralement commercialisés sous un nom de marque.

Leçon 20

Professeur - Aujourd'hui, nous allons faire la visite virtuelle de la ville de Lyon.

Nathalie - On veut la visite réelle.

Professeur - C'est le cours d'histoire, mademoiselle. D'abord la visite virtuelle, après la visite réelle, d'accord.

Sébastien (en riant) - Maintenant ou jamais. Vous n'avez jamais tenu votre parole.

Professeur - Cette fois-ci, c'est promis.

Nathalie - Promettre et tenir sont deux choses différentes.

Professeur - Le quartier FOURVIÈRE, c'est le quartier au-dessus du Vieux-Lyon. Son symbole, la basilique de Fourvière, a été construite en 1896 : un véritable mélange de styles : néo-gothique, tableaux symbolistes, plafond néoclassique... Et monsieur Pierre?

Pierre - Sur la colline de Fourvière, des ruines d'une ville antique ont été découvertes : des théâtres, des boutiques, une citerne... de l'époque romaine ont été mis au jour à partir de 1933. Des vestiges d'aqueducs romains ont aussi été retrouvés à Lyon et dans la région.

Professeur - Très bien. Voilà La CROIX-ROUSSE. C'est le quartier des Canuts, les ouvriers qui travaillaient la soie. Les Canuts se sont installés avec leurs machines quand le quartier a été construit au XIXème siècle.

Pierre - Dans le VIEUX-LYON, vous pourrez voir beaucoup de villes maisons restaurées de l'époque de la Renaissance, mais aussi de nombreuses églises très intéressantes.

Professeur - La cathédrale est une de ces églises. Elle a été construite entre les XIIème et XVème siècles.

Pierre - Beaucoup de maisons du VIEUX-LYON datent du Moyen-âge, elles ont été agrandies et embellies aux XVIème et XVIIème siècles. Le Vieux-Lyon qui était en mauvais état a été restauré à partir des années 1960. Maintenant, c'est un quartier calme et très agréable.

Sébastien - Quelle catastrophe! Messieurs le professeur et Pierre, c'est ce qu'on a fait la semaine dernière!

Professeur - Ah bon!.

Expressions

- Les horaires d'ouverture du musée, s'il vous plaît?
- Le musée est ouvert tous les jours de 9h à 18h, sauf le mardi et les jours fériés suivants : le 1er janvier, le 1er mai et le 25 décembre 2009. Nocturnes jusqu'à 22h les mercredi et vendredi. Et Le musée du Louvre est gratuit le premier dimanche de chaque mois.

- Maman, pourquoi l'utilisation des téléphones portables est interdite en avion.
- Parce qu'en avion elle peut perturber les liaisons radio pour la navigation sauf si une antenne-relais spécifique est installée.

- Tout le monde aime bien Nathalie?
- Bien sûr, elle est aimée de tout le monde.

- La nouvelle du jour : Ce matin, l'avion, un Boeing 737-800 en provenance d'Istanbul, s'est écrasé sur un champ bordant une autoroute, 3 kilomètres avant la piste d'atterrissage, non loin de maisons. (...) L'avion a été pris dans une turbulence juste avant l'accident (...) L'avion avait été mis en service en 2002. Selon le ministre turc des transports, il "a récemment subi des travaux de maintenance, effectués par les autorités de l'aviation civile, le 22 décembre 2008". Il avait donc été jugé apte à voler.

Grammaire : La voix passive

Phrase active :
Sujet (A) + verbe transitif + C. O. D. (B)

Phrase passive :
Sujet (B) + être + p.p. + par [de] + agent (A)

Les touristes visitent la France.
➔ La France est visitée par les touristes.

Le gouvernement prend toutes les mesures d'urgences.
➔ Toutes les mesures d'urgences sont prises par le gouvernement.

Tous ses amis respectent Hélène.
➔ Hélène est respectée de tous ses amis.

On a annoncé la nouvelle.
➔ La nouvelle a été annoncée.

Exercices

Transformez les phrases à la voix passive.

1. L'equipe sud-coréenne a battu les Bleus.
   ➔
2. On signale des dégâts importants.
   ➔
3. L'inspecteur interrogera la famille dans deux jours.
   ➔
4. Bernadette achète une maison au Maroc.
   ➔
5. Margot aime beaucoup sa soeur Bernadette.
   ➔
6. On ferme les magasins le dimanche.
   ➔
7. On voit de loin le Notre-Dame de Paris.
   ➔
8. Les lecteurs estiment bien son premier roman.
   ➔
9. Mon professeur de français me propose deux projets.
   ➔
10. Le typhon Nari a touché les côtes de la Corée du Sud.
    ➔

EU : 27 pays

Après la seconde guerre mondiale (39-45) en 1951, des homme politiques ont eu l'idée, pour établir la paix en Europe, de lier les anciens pays ennemis, la France et l'Allemange, par une étroite coopération économique.

Depuis, d'autres pays se sont joins à eux par des traités. Actuellement ils sont 27 pays dans l'UE. L'Union Européenne portait avant le nom de Communaté Economique Européenne (CEE) puis en 1993 la CEE est devenu l'UE puis le drapeau a été crée (ci-dessus) avec ces legendaires 12 étoiles représentant les 12 pays entrés entre 1951 et 1993.

Pays rentrés=

1957= France, Allemagne, Pays-Bas, Luxembourg, Belgique, Italie

1975=Angleterre, Danemark, Irlande

1981=Grèce

1986=Espagne, Portugal

1995=Autriche, Finlande, Suède

2004=Chypre, Estonie, Hongrie, Lettonie, Lituanie, Malte, Pologne, Slovaquie, Slovénie, Republique Tchèque

2007=Roumanie, Bulgarie

Pays voulant rentrés= Turquie

Tableaux des Conjugaisons

AVOIR

[avwar]

indicatif présent		indicatif futur	
j'	ai	j'	aurai
tu	as	tu	auras
il	a	il	aura
nous	avons	nous	aurons
vous	avez	vous	aurez
ils	ont	ils	auront
indicatif imparfait		**subjonctif présent**	
j'	avais	que j'	aie
tu	avais	que tu	aies
il	avait	qu'il	ait
nous	avions	que nous	ayons
vous	aviez	que vous	ayez
ils	avaient	qu'ils	aient
indicatif passé simple		**conditionnel présent**	
j'	eus	j'	aurais
tu	eus	tu	aurais
il	eut	il	aurait
nous	eûmes	nous	aurions
vous	eûtes	vous	auriez
ils	eurent	ils	auraient

ETRE

[ɛtr]

indicatif présent		indicatif futur	
je	suis	je	serai
tu	es	tu	seras
il	est	il	sera
nous	sommes	nous	serons
vous	êtes	vous	serez
ils	sont	ils	seront

indicatif imparfait		subjonctif présent	
je	étais	que je	sois
tu	étais	que tu	sois
il	était	qu'il	soit
nous	étions	que nous	soyons
vous	étiez	que vous	soyez
ils	étaient	qu'ils	soient

indicatif passé simple		conditionnel présent	
je	fus	je	serais
tu	fus	tu	serais
il	fut	il	serait
nous	fûmes	nous	serions
vous	fûtes	vous	seriez
ils	furent	ils	seraient

AIMER

[ɛ(e)me]

indicatif présent		indicatif futur	
j'	aime	j'	aimerai
tu	aimes	tu	aimeras
il	aime	il	aimera
nous	aimons	nous	aimerons
vous	aimez	vous	aimerez
ils	aiment	ils	aimeront

indicatif imparfait		subjonctif présent	
j'	aimais	que j'	aime
tu	aimais	que tu	aimes
il	aimait	qu'il	aime
nous	aimions	que nous	aimions
vous	aimiez	que vous	aimiez
ils	aimaient	qu'ils	aiment

indicatif passé simple		conditionnel présent	
j'	aimai	j'	aimerais
tu	aimas	tu	aimerais
il	aima	il	aimerait
nous	aimâmes	nous	aimerions
vous	aimâtes	vous	aimeriez
ils	aimèrent	ils	aimeraient

PLACER

[plase]

indicatif présent		indicatif futur	
je	place	je	placerai
tu	places	tu	plasceras
il	place	il	placera
nous	plaçons	nous	placerons
vous	placez	vous	placerez
ils	placent	ils	placeront

indicatif imparfait		subjonctif présent	
je	plaçais	que je	place
tu	plaçais	que tu	places
il	plaçait	qu'il	place
nous	placions	que nous	placions
vous	placiez	que vous	placiez
ils	plaçaient	qu'ils	placent

indicatif passé simple		conditionnel présent	
je	plaçai	je	placerais
tu	plaças	tu	placerais
il	plaça	il	placerait
nous	plaçâmes	nous	placerions
vous	plaçâtes	vous	placeriez
ils	placèrent	ils	placeraient

MANGER

[mɑ̃ʒe]

indicatif présent		indicatif futur	
je	mange	je	mangerai
tu	manges	tu	mangeras
il	mange	il	mangera
nous	mangeons	nous	mangerons
vous	mangez	vous	mangerez
ils	mangent	ils	mangeront

indicatif imparfait		subjonctif présent	
je	mangeais	que je	mange
tu	mangeais	que tu	manges
il	mangeait	qu'il	mange
nous	mangions	que nous	mangions
vous	mangiez	que vous	mangiez
ils	mangeaient	qu'ils	mangent

indicatif passé simple		conditionnel présent	
je	mangeai	je	mangerais
tu	mangeas	tu	mangerais
il	mangea	il	mangerait
nous	mangeâmes	nous	mangerions
vous	mangeâtes	vous	mangeriez
ils	mangèrent	ils	mangeraient

APPELER

[aple]

indicatif présent		indicatif futur	
j'	appelle	j'	appellerai
tu	appelles	tu	appelleras
il	appelle	il	appellera
nous	appelons	nous	appellerons
vous	appelez	vous	appellerez
ils	appellent	ils	appelleront

indicatif imparfait		subjonctif présent	
j'	appelais	que j'	appelle
tu	appelais	que tu	appelles
il	appelait	qu'il	appelle
nous	appelions	que nous	appelions
vous	appeliez	que vous	appeliez
ils	appelaient	qu'ils	appellent

indicatif passé simple		conditionnel présent	
j'	appelai	j'	appellerais
tu	appelas	tu	appellerais
il	appela	il	appellerait
nous	appelâmes	nous	appellerions
vous	appelâtes	vous	appelleriez
ils	appelèrent	ils	appelleraient

ACHETER

[aʃte]

indicatif présent		indicatif futur	
j'	achète	j'	achèterai
tu	achètes	tu	achèteras
il	achète	il	achètera
nous	achetons	nous	achèterons
vous	achetez	vous	achèterez
ils	achètent	ils	achèteront

indicatif imparfait		subjonctif présent	
j'	achetais	que j'	achète
tu	achetais	que tu	achètes
il	achetait	qu'il	achète
nous	achetions	que nous	achetions
vous	achetiez	que vous	achetiez
ils	achetaient	qu'ils	achètent

indicatif passé simple		conditionnel présent	
j'	achetai	j'	achèterais
tu	achetas	tu	achèterais
il	acheta	il	achèterait
nous	achetâmes	nous	achèterions
vous	achetâtes	vous	achèteriez
ils	achetèrent	ils	achèteraient

PAYER

[pɛje]

indicatif présent		indicatif futur	
je	paie / paye	je	paierai / payerai
tu	paies / payes	tu	paieras / payeras
il	paie / paye	il	paiera / payera
nous	payons	nous	paierons / payerons
vous	payez	vous	paierez / payerez
ils	paient / payent	ils	paieront / payeront

indicatif imparfait		subjonctif présent	
je	payais	que je	paie / paye
tu	payais	que tu	paies / payes
il	payait	qu'il	paie / paye
nous	payions	que nous	payions
vous	payiez	que vous	payiez
ils	payaient	qu'ils	paient / payent

indicatif passé simple		conditionnel présent	
je	payai	je	paierais / payerais
tu	payas	tu	paierais / payerais
il	paya	il	paierait / payerait
nous	payâmes	nous	paierions / payerions
vous	payâtes	vous	paieriez / payeriez
ils	payèrent	ils	paieraient / payeraient

ENVOYER

[ɑ̃vwaje]

indicatif présent		indicatif futur	
j'	envoie	j'	enverrai
tu	envoies	tu	enverras
il	envoie	il	enverra
nous	envoyons	nous	enverrons
vous	envoyez	vous	enverrez
ils	envoient	ils	enverront

indicatif imparfait		subjonctif présent	
j'	envoyais	que j'	envoie
tu	envoyais	que tu	envoies
il	envoyait	qu'il	envoie
nous	envoyions	que nous	envoyions
vous	envoyiez	que vous	envoyiez
ils	envoyaient	qu'ils	envoient

indicatif passé simple		conditionnel présent	
j'	envoyai	j'	enverrais
tu	envoyas	tu	enverrais
il	envoya	il	enverrait
nous	envoyâmes	nous	enverrions
vous	envoyâtes	vous	enverriez
ils	envoyèrent	ils	enverraient

FINIR

[fini:r]

indicatif présent		indicatif futur	
je	finis	je	finirai
tu	finis	tu	finiras
il	finit	il	finira
nous	finissons	nous	finirons
vous	finissez	vous	finirez
ils	finissent	ils	finiront

indicatif imparfait		subjonctif présent	
je	finissais	que je	finisse
tu	finissais	que tu	finisses
il	finissait	qu'il	finisse
nous	finissions	que nous	finissions
vous	finissiez	que vous	finissiez
ils	finissaient	qu'ils	finissent

indicatif passé simple		conditionnel présent	
je	finis	je	finirais
tu	finis	tu	finirais
il	finit	il	finirait
nous	finîmes	nous	finirions
vous	finîtes	vous	finiriez
ils	finirent	ils	finiraient

TENIR

[təni:r]

indicatif présent		indicatif futur	
je	tiens	je	tiendrai
tu	tiens	tu	tiendras
il	tient	il	tiendra
nous	tenons	nous	tiendrons
vous	tenez	vous	tiendrez
ils	tiennent	ils	tiendront

indicatif imparfait		subjonctif présent	
je	tenais	que je	tienne
tu	tenais	que tu	tiennes
il	tenait	qu'il	tienne
nous	tenions	que nous	tenions
vous	teniez	que vous	teniez
ils	tenaient	qu'ils	tiennent

indicatif passé simple		conditionnel présent	
je	tins	je	tiendrais
tu	tins	tu	tiendrais
il	tint	il	tiendrait
nous	tînmes	nous	tiendrions
vous	tîntes	vous	tiendriez
ils	tinrent	ils	tiendraient

ALLER

[ale]

indicatif présent		indicatif futur	
je	vais	j'	irai
tu	vas	tu	iras
il	va	il	ira
nous	allons	nous	irons
vous	allez	vous	irez
ils	vont	ils	iront

indicatif imparfait		subjonctif présent	
j'	allais	que j'	aille
tu	allais	que tu	ailles
il	allait	qu'il	aille
nous	allions	que nous	allions
vous	alliez	que vous	alliez
ils	allaient	qu'ils	aillent

indicatif passé simple		conditionnel présent	
j'	allai	j'	irais
tu	allas	tu	irais
il	alla	il	irait
nous	allâmes	nous	irions
vous	allâtes	vous	iriez
ils	allèrent	ils	iraient

VENIR

[vnir]

indicatif présent		indicatif futur	
je	viens	je	viendrai
tu	viens	tu	viendras
il	vient	il	viendra
nous	venons	nous	viendrons
vous	venez	vous	viendrez
ils	viennent	ils	viendront

indicatif imparfait		subjonctif présent	
je	venais	que je	vienne
tu	venais	que tu	viennes
il	venait	qu'il	vienne
nous	venions	que nous	venions
vous	veniez	que vous	veniez
ils	venaient	qu'ils	viennent

indicatif passé simple		conditionnel présent	
je	vins	je	viendrais
tu	vins	tu	viendrais
il	vint	il	viendrait
nous	vinmes	nous	viendrions
vous	vîntes	vous	viendriez
ils	vinrent	ils	viendraient

POUVOIR

[puvwa:r]

indicatif présent		indicatif futur	
je	peux	je	pourrai
ou je	puis		
tu	peux	tu	pourras
il	peut	il	pourra
nous	pouvons	nous	pourrons
vous	pouvez	vous	pourrez
ils	peuvent	ils	pourront

indicatif imparfait		subjonctif présent	
je	pouvais	que je	puisse
tu	pouvais	que tu	puisses
il	pouvait	qu'il	puisse
nous	pouvions	que nous	puissions
vous	pouviez	que vous	puissiez
ils	pouvaient	qu'ils	puissent

indicatif passé simple		conditionnel présent	
je	pus	je	pourrais
tu	pus	tu	pourrais
il	put	il	pourrait
nous	pûmes	nous	pourrions
vous	pûtes	vous	pourriez
ils	purent	ils	pourraient

VOULOIR

[vulwa:r]

indicatif présent		indicatif futur	
je	veux	je	voudrai
tu	veux	tu	voudras
il	veut	il	voudra
nous	voulons	nous	voudrons
vous	voulez	vous	voudrez
ils	veulent	ils	voudront

indicatif imparfait		subjonctif présent	
je	voulais	que je	veuille
tu	voulais	que tu	veuilles
il	voulait	qu'il	veuille
nous	voulions	que nous	voulions
vous	vouliez	que vous	vouliez
ils	voulaient	qu'ils	veuillent

indicatif passé simple		conditionnel présent	
je	voulus	je	voudrais
tu	voulus	tu	voudrais
il	voulut	il	voudrait
nous	voulûmes	nous	voudrions
vous	voulûtes	vous	voudriez
ils	voulurent	ils	voudraient

DEVOIR

[dəvwa:r]

indicatif présent		indicatif futur	
je	dois	je	devrai
tu	dois	tu	devras
il	doit	il	devra
nous	devons	nous	devrons
vous	devez	vous	devrez
ils	doivent	ils	devront

indicatif imparfait		subjonctif présent	
je	devais	que je	doive
tu	devais	que tu	doives
il	devait	qu'il	doive
nous	devions	que nous	devions
vous	deviez	que vous	deviez
ils	devaient	qu'ils	doivent

indicatif passé simple		conditionnel présent	
je	dus	je	devrais
tu	dus	tu	devrais
il	dut	il	devrait
nous	dûmes	nous	devrions
vous	dûtes	vous	devriez
ils	durent	ils	devraient

SAVOIR

[savwa:r]

indicatif présent		indicatif futur	
je	sais	je	saurai
tu	sais	tu	sauras
il	sait	il	saura
nous	savons	nous	saurons
vous	savez	vous	saurez
ils	savent	ils	sauront

indicatif imparfait		subjonctif présent	
je	savais	que je	sache
tu	savais	que tu	saches
il	savait	qu'il	sache
nous	savions	que nous	sachions
vous	saviez	que vous	sachiez
ils	savaient	qu'ils	sachent

indicatif passé simple		conditionnel présent	
je	sus	je	saurais
tu	sus	tu	saurais
il	sut	il	saurait
nous	sûmes	nous	saurions
vous	sûtes	vous	sauriez
ils	surent	ils	sauraient

VOIR

[vwa:r]

indicatif présent		indicatif futur	
je	vois	je	verrai
tu	vois	tu	verras
il	voit	il	verra
nous	voyons	nous	verrons
vous	voyez	vous	verrez
ils	voient	ils	verront

indicatif imparfait		subjonctif présent	
je	voyais	que je	voie
tu	voyais	que tu	voies
il	voyait	qu'il	voie
nous	voyions	que nous	voyions
vous	voyiez	que vous	voyiez
ils	voyaient	qu'ils	voient

indicatif passé simple		conditionnel présent	
je	vis	je	verrais
tu	vis	tu	verrais
il	vit	il	verrait
nous	vîmes	nous	verrions
vous	vîtes	vous	verriez
ils	virent	ils	verraient

OFFRIR

[ɔfri:r]

indicatif présent		indicatif futur	
j'	offre	j'	offrirai
tu	offres	tu	offriras
il	offre	il	offrira
nous	offrons	nous	offrirons
vous	offrez	vous	offrirez
ils	offrent	ils	offriront

indicatif imparfait		subjonctif présent	
j'	offrais	que j'	offre
tu	offrais	que tu	offres
il	offrait	qu'il	offre
nous	offrions	que nous	offrions
vous	offriez	que vous	offriez
ils	offraient	qu'ils	offrent

indicatif passé simple		conditionnel présent	
j'	offris	j'	offrirais
tu	offris	tu	offrirais
il	offrit	il	offrirait
nous	offrîmes	nous	offririons
vous	offrîtes	vous	offririez
ils	offrirent	ils	offriraient

RECEVOIR

[rəsvwa:r]

indicatif présent		indicatif futur	
je	reçois	je	recevrai
tu	reçois	tu	recevras
il	reçoit	il	recevra
nous	recevons	nous	recevrons
vous	recevez	vous	recevrez
ils	reçoivent	ils	recevront

indicatif imparfait		subjonctif présent	
je	recevais	que je	reçoive
tu	recevais	que tu	reçoives
il	recevait	qu'il	reçoive
nous	recevions	que nous	recevions
vous	receviez	que vous	receviez
ils	recevaient	qu'ils	reçoivent

indicatif passé simple		conditionnel présent	
je	reçus	je	recevrais
tu	reçus	tu	recevrais
il	reçut	il	recevrait
nous	reçûmes	nous	recevrions
vous	reçûtes	vous	recevriez
ils	reçurent	ils	recevraient

METTRE

[mɛtr]

indicatif présent		indicatif futur	
je	mets	je	mettrai
tu	mets	tu	mettras
il	met	il	mettra
nous	mettons	nous	mettrons
vous	mettez	vous	mettrez
ils	mettent	ils	mettront

indicatif imparfait		subjonctif présent	
je	mettais	que je	mette
tu	mettais	que tu	mettes
il	mettait	qu'il	mette
nous	mettions	que nous	mettions
vous	mettiez	que vous	mettiez
ils	mettaient	qu'ils	mettent

indicatif passé simple		conditionnel présent	
je	mis	je	mettrais
tu	mis	tu	mettrais
il	mit	il	mettrait
nous	mîmes	nous	mettrions
vous	mîtes	vous	mettriez
ils	mirent	ils	mettraient

PRENDRE

[prɑ̃dr]

indicatif présent		indicatif futur	
je	prends	je	prendrai
tu	prends	tu	prendras
il	prend	il	prendra
nous	prenons	nous	prendrons
vous	prenez	vous	prendrez
ils	prennent	ils	prendront

indicatif imparfait		subjonctif présent	
je	prenais	que je	prenne
tu	prenais	que tu	prennes
il	prenait	qu'il	prenne
nous	prenions	que nous	prenions
vous	preniez	que vous	preniez
ils	prenaient	qu'ils	prennent

indicatif passé simple		conditionnel présent	
je	pris	je	prendrais
tu	pris	tu	prendrais
il	prit	il	prendrait
nous	prîmes	nous	prendrions
vous	prîtes	vous	prendriez
ils	prierent	ils	prendraient

RENDRE

[rɑ̃:dr]

indicatif présent		indicatif futur	
je	rends	je	rendrai
tu	rends	tu	rendras
il	rend	il	rendra
nous	rendons	nous	rendrons
vous	rendez	vous	rendrez
ils	rendent	ils	rendront

indicatif imparfait		subjonctif présent	
je	rendais	que je	rende
tu	rendais	que tu	rendes
il	rendait	qu'il	rende
nous	rendions	que nous	rendions
vous	rendiez	que vous	rendiez
ils	rendaient	qu'ils	rendent

indicatif passé simple		conditionnel présent	
je	rendis	je	rendrais
tu	rendis	tu	rendrais
il	rendit	il	rendrait
nous	rendîmes	nous	rendrions
vous	rendîtes	vous	rendriez
ils	rendirent	ils	rendraient

FAIRE

[fɛ:r]

indicatif présent		indicatif futur	
je	fais	je	ferai
tu	fais	tu	feras
il	fait	il	fera
nous	faisons	nous	ferons
vous	faites	vous	ferez
ils	font	ils	feront

indicatif imparfait		subjonctif présent	
je	faisais	que je	fasse
tu	faisais	que tu	fasses
il	faisait	qu'il	fasse
nous	faisions	que nous	fassions
vous	faisiez	que vous	fassiez
ils	faisaient	qu'ils	fassent

indicatif passé simple		conditionnel présent	
je	fis	je	ferais
tu	fis	tu	ferais
il	fit	il	ferait
nous	fîmes	nous	ferions
vous	fîtes	vous	feriez
ils	firent	ils	feraient

DIRE

[di:r]

indicatif présent		indicatif futur	
je	dis	je	dirai
tu	dis	tu	diras
il	dit	il	dira
nous	disons	nous	dirons
vous	dites	vous	direz
ils	disent	ils	diront

indicatif imparfait		subjonctif présent	
je	disais	que je	dise
tu	disais	que tu	dises
il	disait	qu'il	dise
nous	disions	que nous	disions
vous	disiez	que vous	disiez
ils	disaient	qu'ils	disent

indicatif passé simple		conditionnel présent	
je	dis	je	dirais
tu	dis	tu	dirais
il	dit	il	dirait
nous	dîmes	nous	dirions
vous	dîtes	vous	diriez
ils	dirent	ils	diraient

Bonjour! Le français

지은이 / 임혜경·박임전·조항덕·문시연·정상현 공저
발행인 / 차상면
초판발행 / 2009. 8. 25
초판2쇄발행 / 2011. 8. 30
개정판1쇄발행 / 2016. 2. 25
등록번호 / 제2-1798호
등록된 곳 / 서울시 광진구 아차산로 46길 16
발행처 / 도서출판 만 남
전화 (02) 3436-0746
FAX (02) 3436-0747
값 13.000원

ISBN 978-89-5920-132-7-03760

http : //www.mannam21.co.kr
E-mail : mannampub@hanmail.net